Herbert Walker

Vollwertig kochen und backen mit Pfiff

– ohne tierisches Eiweiß

ISBN: 3-89566-146-5
© 1999: pala-verlag,
Rheinstr. 37, 64283 Darmstadt
www.pala-verlag.de

2. Auflage 2001
Alle Rechte vorbehalten
Lektorat: Wolfgang Hertling
Umschlag- und Innenillustrationen: Kirsten Schlag
Druck und Bindung: freiburger graphische betriebe

Inhalt

Liebe Freunde der Vollwertküche, liebe Leserinnen und Leser,

Im Rahmen der Überarbeitung meiner Koch- und Backbücher habe ich mich entschieden, die beiden Klassiker »Vollwertig backen mit Pfiff – ohne tierisches Eiweiß« und »Vollwertig kochen mit Pfiff – ohne tierisches Eiweiß« zu einem Band zusammenzufassen, einige Rezepte zu überarbeiten und einige neue einzufügen.

In vielen Veröffentlichungen und Büchern werden bei tierisch-eiweißfreier Ernährung Butter und Sahne zugelassen, da der Eiweißanteil hier sehr gering ist, bei Butter etwa 0,5 Prozent und bei Sahne bis zu 2,5 Prozent. Dies wird als gesundheitlich unbedenklich betrachtet. Im vorliegenden Buch habe ich, im Gegensatz zu den ersten Auflagen, allerdings davon abgesehen.

Wer nur aus gesundheitlichen Gründen auf tierisches Eiweiß verzichten will oder muß, aber nicht an einer schwereren Erkrankung, wie zum Beispiel Neurodermitis, leidet, kann sich bei einigen Rezepten die Zubereitung durch Einsatz von Sahne oder Butter erleichtern oder eine Geschmacksveränderung erzielen; diese Vorgehensweise erleichtert manchen Menschen den Übergang zu dieser Ernährungsform.

Doch kommen wir zum Wichtigsten! Daß man mit tierisch-eiweißfreier Ernährung überleben kann, bezweifeln nur wenige, aber büßt man bei einer solchen Ernährungsweise nicht ein großes Stück Lebensqualität ein? Nun, auf den nächsten Seiten möchte ich Ihnen zeigen, wieviel Genuß in dieser Ernährungsform steckt. Lassen Sie sich überraschen.

In diesem Sinne wünsche ich Ihnen viel Spaß und Erfolg beim Kochen und viel Genuß beim Essen.

Ihr

Herbert Walker

Warum eigentlich ohne tierisches Eiweiß kochen und backen?

Die Zahl der Menschen, die auf tierisches Eiweiß verzichten wollen oder müssen, steigt ständig. Doch für viele Ärzte besteht auch heute noch kein Zusammenhang zwischen unseren Krankheiten und dem, was wir essen. Wüßten mehr Ärzte hierüber Bescheid, würde sicherlich noch mehr Menschen der Rat gegeben werden, weniger tierisches Eiweiß zu sich zu nehmen. Zudem hätten die Betroffenen größere Chancen, ihre Krankheiten in den Griff zu bekommen, als bei der üblichen Arzneimittelbehandlung, die sich doch vorwiegend in einer Symptombehandlung erschöpft.

Bei welchen Krankheiten ist eine tierisch-eiweißfreie Ernährung ratsam oder absolut notwendig?

Sie lassen sich in folgende Gruppen einteilen:
• Allergische Erkrankungen
• Gefäßkrankheiten und Bluthochdruck
• Bestimmte Erkrankungen des Bewegungsapparates
• Gewisse Hautkrankheiten

Alle diese Krankheiten haben in den letzten Jahren stark zugenommen, und dieser Anstieg ist ohne die vorausgegangenen Änderungen unserer Ernährungsgewohnheiten nicht zu erklären. Die Hauptursache dieser und anderer ernährungsbedingter Zivilisationskrankheiten liegt darin, daß Nahrungsmittel industriell verändert werden:

1. Kohlenhydrathaltige Lebensmittel finden fast ausschließlich in raffinierter Form, wie Auszugsmehlen und allen Fabrikzuckerarten, Verwendung; gleichzeitig wird auf Vollkornprodukte und natürliche Süßungsmittel verzichtet.

2. Raffinierte Öle und Margarinen haben wertvolle kaltgepreßte Öle und auch die Butter stark verdrängt.

3. Die industriell erzeugten Nahrungsmittel enthalten eine Vielzahl meist chemischer Zusatzstoffe, zum Teil mehrere gleichzeitig, zum Beispiel Emulgatoren, naturidentische Aromastoffe und synthetische Vitamine, Konservierungsstoffe, Farbstoffe sowie Stoffe, die ausschließlich dazu dienen, Nahrungsmittel möglichst maschinell herstellen zu können. Tierversuche lassen darauf schließen, daß diese Stoffe in den verwandten Dosierungen für Menschen unschädlich sind. Auf welche Weise allerdings Kombinationen dieser Stoffe auf die Menschen wirken, ob sie sich in ihren Wirkungen aufheben, neutral verhalten, steigern oder ob sich negative Wirkungen gar potenzieren, all dies wurde bislang nicht untersucht, was bei mehreren tausend Stoffen ja auch kaum möglich ist. Gänzlich unberücksichtigt bleibt auch ein eventuelles Zusammenwirken dieser Stoffe mit zusätzlichen Giften in Luft und Wasser.

Neben den Veränderungen der Nahrungsmittel spielt auch die enorme Zunahme des Konsums an tierischem Eiweiß eine wichtige Rolle im Hinblick auf die Zunahme der ernährungsbedingten Zivilisationskrankheiten. Aßen unsere Urgroßeltern noch ein- bis zweimal in der Woche Fleisch und Wurst, so sind heute zwei bis drei Mahlzeiten mit Fleisch und Wurst üblich – und dies jeden Tag. Darüber hinaus ist auch der Verbrauch an Milch und Milchprodukten wie Käse, Quark, Joghurt erheblich gestiegen.

Um eine Verhinderung der damit zusammenhängenden Krankheiten, eine Besserung oder unter Umständen auch eine Heilung zu erzielen, sollten die vorgenannten Nahrungsmittel so weit wie möglich vermieden und unsere Nahrung gemäß dem Grundsatz von Professor Kollath: »Laßt die Nahrung so natürlich wie möglich« zubereitet werden, wobei die Zutaten am besten aus kontrolliert biologischem Anbau stammen.

Ist aber nun bereits eine der genannten Krankheiten aufgetreten und wird eine tierisch-eiweißfreie Ernährung empfohlen, muß man oft erst einmal falsche Vorstellungen über den Wert des tierischen und des pflanzlichen Eiweißes ausräumen. Immer noch wird von manchen Ärzten und interessierten Kreisen die Behauptung aufgestellt, tierisches Eiweiß sei wertvoller als pflanzliches und man könne ohne tierische Produkte nicht gesund leben. Diese Behauptung ist nicht nur wissenschaftlich längst widerlegt: Das Gegenteil beweisen auch tagtäglich Milliarden von Menschen – überwiegend in Asien und Afrika –, die sich früher ohne tierische Produkte ernährten und dies auch heute noch überwiegend tun.

Alle Eiweiße, gleich ob tierischen oder pflanzlichen Ursprungs, setzen sich aus etwas mehr als 20 verschiedenen Aminosäuren zusammen. Acht davon kann der erwachsene menschliche Organismus nicht selbst herstellen; sie müssen daher mit der Nahrung zugeführt werden. Diese acht »essentiellen« Aminosäuren sind alle in Pflanzen enthalten, allerdings in unterschiedlichen Mengen. Würden wir uns immer nur von einer einzigen Pflanze ernähren, würden wir wahrscheinlich von der einen oder anderen essentiellen Aminosäure zu wenig zu uns nehmen, bei anderen hätten wir einen Überschuß. Kombinieren wir verschiedene Pflanzen miteinander, zum Beispiel Gemüse und Getreide, tritt dieser mögliche Mangel jedoch nicht auf.

Reicht aber die Eiweißmenge aus, da diese in der Tat in einigen pflanzlichen Produkten teilweise erheblich niedriger ist als in tierischen? Um eine Antwort auf diese Frage zu bekommen, müssen wir keine aufwendigen Analysen betreiben, da sie von der Natur frei Haus geliefert wird. Der menschliche Säugling verdoppelt in einem knappen Jahr sein Gewicht; er benötigt daher viel Eiweiß, um Muskeln, Organe und Knochen aufzubauen. Dies schafft er mit nur einem einzigen, aber vollwertigen Nahrungsmittel: der Muttermilch. Man kann also davon ausgehen, daß in ihr alle notwendigen Nähr- und Wirkstoffe in idealer Weise vorhanden sind. Der Eiweißgehalt der Muttermilch liegt bei 1,4 bis 2,5 Prozent.

Hier der Eiweißgehalt verschiedener Pflanzen:

Gemüse	1 – 3 %
Obst	ca. 1 %
Getreide	10 – 14 %
Hülsenfrüchte	20 – 35 %
Samen und Nüsse	10 – 30 %

Diese kleine Tabelle zeigt deutlich, daß der Eiweißgehalt der Pflanzen im Vergleich zur Muttermilch mehr als ausreichend ist. Besonders wichtig ist allerdings, so zeigen die Forschungen von Professor Kollath und anderen, daß ein nicht unerheblicher Teil des Eiweißes in nativer, also unerhitzter Form gegessen wird. Bei gesunden Menschen sollte dieser Anteil ungefähr ein Drittel der Nahrung ausmachen. Um nach einer Krankheit wieder gesund zu werden, ist meist ein höherer Anteil anzuraten. Damit dürfte hinreichend erläutert sein, daß wir ohne tierisches Eiweiß gut leben können. Das vorliegende Buch macht deutlich, daß wir dabei auch nicht auf Genuß und Lebensqualität verzichten müssen, sondern daß wir im Gegenteil ganz neue und unbekannte Geschmackserlebnisse erfahren.

Noch ein Wort zur Milch, genauer gesagt zur Kuhmilch. Der Mensch ist das einzige Lebewesen, das nach der Stillzeit noch Milch, nämlich artfremde Kuhmilch, zu sich nimmt. Darauf reagieren manche Kinder mit Krankheiten; die meisten dieser Kinder sind zu den lymphatischen Kindern zu rechnen. Sie neigen zu Ausschlägen und Erkrankungen der Schleimhäute, also zu immer wiederkehrenden Infekten der Lymphknoten und der Mandeln. Abhilfe schafft hier der Verzicht auf Milch und alle ihre Produkte mit Ausnahme von Butter (ca. 0,5 Prozent Eiweiß) und Sahne (ca. 2,5 Prozent Eiweiß); daneben sollten auch alle raffinierten Kohlenhydrate gemieden werden. Butter und Sahne enthalten viele fettlösliche Vitamine und ungesättigte Fettsäuren, die zum Beispiel für die Haut und den Stoffwechsel wichtig sind.

Je nach Krankheitszustand ist es auch bei Erkrankungen des Bewegungsapparates empfehlenswert, den Verzehr des tierischen Eiweißes einzuschränken bzw. völlig darauf zu verzichten. Hierzu zählen Fleisch, Wurst, Fisch, Milch, Quark, Käse und Eier.

Wie sieht es bei den allergischen Erkrankungen aus? Hier ist ein Zusammenhang mit Eiweiß nicht sofort ersichtlich, denn zunächst scheinen Allergiker lediglich auf einen bestimmten Stoff, zum Beispiel auf bestimmte Pollen bei Heuschnupfen, allergisch zu reagieren. Oft nimmt jedoch die Anzahl der Stoffe, bei denen in der Folge eine allergische Reaktion auftritt, trotz der symptomatischen Linderungsbehandlung konventioneller Art zu. Außerdem hatten viele dieser Menschen früher keinerlei allergische Reaktionen, obwohl sie stets von diesen Pollen umgeben waren. Plötzlich reagiert der Körper jedoch anders als früher. Solange man gesund ist, bildet man gegen Antigene (Stoffe, auf die man allergisch reagiert) sogenannte Antikörper, das heißt es kommt dann zu keiner Reaktion. Erst wenn die Antikörperbildung ganz oder teilweise ausbleibt, treten allergische Reaktionen auf. Diese Antigen-Antikörper-Reaktion spielt sich im Eiweißstoffwechsel ab. Funktioniert dieser nicht richtig, liegt eine Stoffwechselstörung vor. Diese Störung wiederum wird durch eine Überlastung des Stoffwechsels mit Eiweiß verursacht, vor allem durch solches in konzentrierter Form, wie es bei tierischen Produkten üblich ist. Eine solche Stoffwechselstörung kann daher durch eine entsprechende Entlastung wieder beseitigt werden.

Seit einiger Zeit wird auch pflanzliches Eiweiß in Form von Konzentraten, wie TVP-Soja und Tofu, in größerem Maße angeboten (TVP steht für »texturiertes vegetabiles Protein«; dabei handelt es sich um Soja, das im allgemeinen aus den Überresten bei der Sojaölgewinnung industriell hergestellt wird). Es bleibt abzuwarten, ob diese Konzentrate künftig zu ähnlichen Erscheinungen führen werden.

Da eine Allergie meist erst nach vielen Jahren der Fehlernährung auftritt, dauert es natürlich auch bei einer Änderung der Eßgewohnheiten, also bei der Umstellung auf eine tierisch-eiweißfreie Ernährung, eine gewisse Zeit, oft Jahre, bis alle Symptome verschwunden sind. Deutliche Besserungen sind aber meistens schon früher festzustellen.

Den Zusammenhang zwischen Gefäßerkrankungen und tierischem Eiweiß hat Professor Dr. Lothar Wendt ausführlich untersucht. Er stellte fest: Ein Überangebot an Eiweiß durch tierische Produkte führt zu krankhaften Ablagerungen von Eiweißstoffen auf den Membranen der Blutkapillaren, also genau dort, wo die Gewebe mit Nährstoffen versorgt werden. Diese Ablagerungen erschweren die Nährstoffversorgung, und der Körper reagiert mit einer Erhöhung des Blutdrucks oder der Nährstoffkonzentration im Blut; oftmals geschieht beides gleichzeitig. Wird die Aufnahme des tierischen

Eiweißes reduziert, bilden sich diese krankhaften Ablagerungen in den Kapillaren – im Gegensatz zu den Ablagerungen in den großen Blutgefäßen bei Arteriosklerose – wieder zurück, so daß sich Blutdruck und Blutwerte mit der Zeit normalisieren.

Die tierisch-eiweißfreie Ernährung hat aber auch eine ethische Komponente, die wir nicht vergessen dürfen. Wir töten Tiere, also leidensfähige und schmerzempfindende Mitgeschöpfe, bzw. wir lassen sie töten, nur um sie zu essen. Die Fleischmengen, die heute verspeist werden und unsere Gesundheit gefährden, sind nur durch tierquälerische Massentierhaltung produzierbar.

Welch makabre Formulierung: Mitgeschöpfe werden »produziert«, wie Sachen produziert werden! Diese Tiere leben zusammengepfercht in engen Käfigen, ihr Bewegungsdrang wird unterdrückt, die Art der Nahrung macht sie krank, und die Menge der ihnen verabreichten Medikamente, von denen viele allzu oft überflüssig sind, gefährdet letzten Endes auch unsere Gesundheit. Weniger wäre hier ganz bestimmt mehr.

Billigt man den Tieren nur ihre minimalen Rechte zu, nämlich das Recht auf artgemäßes Leben ohne tierquälerische Haltungsformen und das Recht auf artgemäßes Sterben, ohne geschlachtet zu werden, so ist die logische Konsequenz daraus, nichts zu essen, wofür ein Tier getötet werden muß. Doch auch ovo-lacto-Vegetarier sollten darüber nachdenken, was mit den Tieren geschieht, die leben, damit Milch- und Milchprodukte hergestellt werden können, da auch diese Tiere letztlich geschlachtet werden. Wenn Leo Tolstoi recht hat mit seinem Ausspruch: »Solange es Schlachthöfe gibt, wird es Schlachtfelder geben«, dann sollten wir – wenn wir keine Schlachtfelder mehr haben wollen – auch entsprechend handeln.

Hinweise

Im Begleittext weise ich hin und wieder auf Erfahrungen und Begebenheiten aus der »Salatschüssel« hin. Dieses vegetarische Vollwertrestaurant habe ich mehr als drei Jahre betrieben, bevor ich wieder in meinen angestammten Beruf zurückgekehrt bin.
Um Ihnen und mir Zeit und Geld zu sparen und möglichst viele leckere Rezepte in diesem Buch unterzubringen, hier noch einige allgemein gültige Hinweise:

* Daß Obst und Gemüse zuerst geputzt oder gewaschen werden muß, halte ich für so selbstverständlich, daß dies nicht immer wieder aufs neue gesagt werden muß.

* Obst und Gemüse sollte nur geschält werden, wenn es unbedingt notwendig ist, zum Beispiel bei Südfrüchten. Nicht geschält werden Möhren, Rote Bete, Gurken, Zucchini, Äpfel und Birnen. Kartoffeln werden immer in der Schale gekocht und *dann* gepellt, wenn überhaupt. Die Begründung ist einfach, denn in und direkt unter der Schale sitzen besonders viele wertvolle Bestandteile.

* Sie sollten immer Getreide, Gemüse und Obst aus kontrolliert biologischem Anbau wählen. Achten Sie auf die Prüfzeichen der Anbauverbände: Bioland, Demeter, Naturland, Biokreis Ostbayern, ANOG, Ökosiegel, Biopark oder Gäa.
Für ausländische Waren sind in der IFOAM ähnliche Verbände zusammengeschlossen.

* Bei der Herstellung der Gerichte sollte man Gemüse und Obst der Jahreszeit verwenden. Einheimisches ist vorzuziehen, also keine Erdbeeren oder Kopfsalat zu Weihnachten.

* Unter Mehl verstehe ich immer und ausschließlich Vollkornmehl, das direkt vor dem Zubereiten frisch gemahlen wird. Dies bedeutet, daß Sie

auf Dauer ohne Getreidemühle nicht vollwertig kochen und backen können. Für den Anfang können Sie aber auch in den meisten Naturkostläden und Reformhäusern das Getreide frisch mahlen lassen. Eine Flockenquetsche ist nicht unbedingt erforderlich, aber fürs Müsli oder zur frischen Herstellung von Haferflocken gut geeignet.

• Im Gegensatz zur landläufigen Meinung ist das Backen mit Vollkornmehl nicht schwieriger als mit Auszugsmehl, man muß nur jeden Teig einige Minuten ruhen lassen, und bei der Zugabe von Flüssigkeit kann die Menge leicht variieren.

• Ich verwende fast ausschließlich Honig, Trockenfrüchte oder Obst zum Süßen. Ist man bereit, zum Teil auf die Naturbelassenheit und Vollwertigkeit der Lebensmittel zu verzichten, können auch Sirup, Obstdicksäfte und ähnliche Süßungsmittel verwendet werden. Ähnliches gilt für Orangeat und Zitronat, denn auch diese Zutaten gehören eigentlich nicht in die Vollwertküche. Da von diesen Würzmitteln jedoch nur äußerst geringe Mengen bei wenigen Rezepten aus geschmacklichen Gründen zum Einsatz kommen, erscheint mir die Verwendung vertretbar.

• Menschen, die sich **vegan** ernähren, also auch keinen Honig essen, können unter Verzicht auf absolute Vollwertigkeit auf die vorgenannten Süßungsmittel zurückgreifen.

• Als Fett setze ich kaltgepreßte Öle, zumeist Sonnenblumenöl, oder schonend hergestellte Reformmargarine, in seltenen Fällen auch ungehärtetes Pflanzenfett ein.

• Raffinierte Öle und gehärtete Margarinen dagegen sollten gemieden werden, denn diese Produkte wurden industriell verändert und chemisch bearbeitet. Zwar entspricht auch die Reformmargarine nicht ganz dem Anspruch einer hundertprozentigen Vollwerternährung, da es sich hierbei um ein stark ver- und bearbeitetes Produkt moderner Lebensmitteltechnologie handelt. Allerdings ist Reformmargarine ein von Konservierungsmitteln, künstlichen Farbstoffen, synthetischen Vitaminen und Kochsalz freies Fett und kann gerade beim Backen viel zur richtigen Konsistenz des Teigs beitragen. Wer bei der Vollwertigkeit der Backwaren absolut keine Abstriche machen möchte, verwendet nur kaltgepreßte Pflanzenöle.

- Bewußt verwende ich in einigen Rezepten nur den Oberbegriff »Nüsse«, um Sie nicht festzulegen. Sie können Hasel-, Erd- oder Walnüsse oder auch Mandeln verwenden oder eine Mischung davon.

- Alle Kochrezepte sind, falls nichts anderes erwähnt ist, für vier Personen vorgesehen. Die Backrezepte sind, falls nicht anders erwähnt, für normale Backformen mit einem Durchmesser von 26 cm, für 28 bis 30 cm lange Kastenformen oder für die handelsüblichen Backbleche vorgesehen.

- Eine kleine Warenkunde finden Sie am Schluß des Buches.

Nun geht es aber wirklich und wahrhaftig los, und zwar wie bei fast jedem Kochbuch über Vollwerternährung mit dem zentralen Bestandteil dieser Ernährungsform, den Frischkorngerichten nach Kollath und Bruker.

Frischkorngerichte

Es ist nicht entscheidend, *wann* Sie dieses Gericht zu sich nehmen, ob süß zum Frühstück oder als Dessert, ob pikant als Vorspeise oder zum Abendessen, wichtig ist allein, daß man regelmäßig mindestens drei Eßlöffel Frischkorn ißt.

Ich esse Frischkorngerichte, weil sie mir besonders gut schmecken. Daß sie außerdem gesund sind, ist ihr besonderer Vorzug.

Wenn Sie die verschiedenen Getreidearten wie Dinkel, Weizen, Roggen, Gerste, Hafer, Hirse und Buchweizen mal einzeln, mal unterschiedlich gemischt verwenden, die Obst- und Gemüsesorten der Jahreszeit entsprechend wählen, den Feinheitsgrad des Schrotes und die Einweichzeit variieren, auch mal gekeimtes oder geflocktes Getreide wählen, wird deutlich, wie abwechslungsreich dieses einfache Gericht sein kann. Bei so vielen Abwechslungsmöglichkeiten können Frischkorngerichte einfach nicht langweilig werden, vor allem, wenn Sie noch hin und wieder Obstsaft oder auch geschlagenen Tofu hinzufügen.

Süßes Frischkorngericht

Für 1 Person:

60 g Getreide (gemischt oder einzelne Sorten) kaltem Leitungswasser	schroten und in einweichen; die Dauer hängt von dem Feinheitsgrad des Schrotes und der gewünschten Weichheit ab (5 bis 8 Stunden).
1 Banane	zerdrücken oder pürieren,
1 Apfel	fein reiben,
Obst der Jahreszeit	kleinschneiden, alles durchmischen. Wer will, kann noch mit
1 – 2 EL Obstsaft	verfeinern.

• **Tip:** Bei Buchweizen sollten Sie immer die ganzen Körner nehmen. Weichen Sie sie am Abend mit ein, oder streuen Sie sie am Morgen über das fertige Frischkorngericht.

• **Tip:** Bitte nicht zu fein mahlen, da sonst ein Mehlgeschmack den Genuß beeinträchtigen kann.

Süßes gekeimtes Frischkorngericht

Für 1 Person:

60 g Getreidekörner kaltem Leitungswasser — einige Stunden in einweichen, dann Wasser abgießen, in eine Keimbox geben und mit

Wasser — übergießen, tagsüber ohne Wasser stehenlassen, abends wieder begießen, mehrmals wiederholen. Nach 2 bis 4 Tagen, je nach Getreide, bilden sich die Keime, und das Getreide kann für Frischkorngerichte und Salate verwendet werden.

Banane, Apfel oder anderes Obst — zerkleinern und alles durchmischen. Gegebenenfalls noch etwas

Obstsaft — hinzufügen.

Für alle, die Süßes nicht so mögen, folgen nun die nicht minder schmackhaften pikanten Varianten.

Rohkostgetreidegericht

Für 1 Person:

60 g Getreide — schroten und einweichen, wie im Frischkorngericht (siehe Seite 17),

1 Möhre — grob raspeln,
5 cm Lauchstange — sehr fein schneiden, mit
Kräutersalz,
Pfeffer,
1 TL Zitronensaft — und
1 – 2 EL Öl — gut vermischen und über das Getreide und das Gemüse gießen.

18

Gekeimtes Rohkostgericht

Für 1 Person:

60 g Getreide	wie auf Seite 18 beschrieben keimen lassen.
1 kleinen Apfel	fein reiben,
1 kleine Rote Bete	fein raspeln.
Kräutersalz,	
Pfeffer,	
1 TL Zitronensaft	und
1 – 2 EL Öl	gut vermischen und darübergießen.

Natürlich lassen sich auch andere Gemüsesorten wie Sellerie oder Kohlrabi verarbeiten.

- **Tip:** Sie können das geschrotete und eingeweichte oder auch das gekeimte Getreide fast allen Salaten beifügen.

Nicht mehr ganz so vollwertig, da etwas erhitzt, aber köstlich sind die knusprigen Getreidegerichte.

Süßes Knuspergetreide

Für 1 Person:

60 g Getreide	zu Flocken quetschen oder grob schroten, in einer Pfanne ohne Fett erhitzen, bis das Getreide zu duften beginnt, dann von der Platte nehmen,
1 – 2 TL Honig	zugeben, alles verrühren, bis die Flocken einen leichten Honigüberzug haben.
Obst der Jahreszeit	kleinschneiden, mit dem Knuspergetreide vermischen. Wer will, kann
Obstsaft	zugeben.

Pikantes Knuspergetreide

Für 1 Person:

30 g Hafer	quetschen oder grob schroten, mit
30 g Buchweizen	vermischen, in der Pfanne mit
etwas Öl	und
1 TL körniger Gemüsebrühe	anbraten, gut durchmischen.
1 – 2 Möhren	raspeln, mit
1 TL Zitronensaft,	
1 EL Öl	und
Kräutersalz	übergießen, mit dem Getreide mischen und durchziehen lassen.

• **Tip:** Das Knuspergetreide kann man auch für einige Tage auf Vorrat zubereiten, wobei die süße Variante etwas länger haltbar ist.

• **Tip:** Braten Sie einmal nur Buchweizenkörner in Öl an, würzen Sie mit körniger Gemüsebrühe, und streuen Sie die Körner über Aufläufe, Spätzle, Salate und ähnliches. Dies habe ich in der »Salatschüssel« häufig verwendet oder verwenden wollen, denn oft haben meine Mitarbeiterinnen und ich sie schon vorher gegessen, und es blieb dann zu wenig zum Garnieren übrig. Denn es schmeckt immer nach Mehr.

Ein erheblicher Teil der täglichen Ernährung sollte aus Frischkost, also unerhitzten Lebensmitteln, bestehen. Mindestens ein Drittel wäre gut, deshalb bleiben wir zunächst noch dabei und kommen zu Salaten und Rohkost.

Salate und Rohkost

Auch für Salate und Rohkost verwenden wir noch Getreide, allerdings nicht mehr als Hauptbestandteil, sondern nur noch als eine – wenn auch nicht unwichtige – Zutat.

Weizenkeimsalat

50 g Weizenkörner	wie auf Seite 18 beschrieben keimen lassen.
750 g Möhren	und
1 – 2 Äpfel	grob raspeln,
Kräutersalz,	
Liebstöckel,	
Koriander	und
gemahlenen Fenchel	mit
2 EL Zitronensaft,	
2 EL Wasser	und
4 EL Öl	gut vermischen, über die Möhren und die Körner gießen, mit
frischen Kräutern	servieren.

• **Tip:** Wie beim folgenden Rezept, für das das Getreide allerdings gekocht wird, können Sie natürlich auch bei den übrigen Rezepten die Getreidearten variieren.

• **Tip:** Buchweizen koche ich nicht, ich weiche ihn nur 2 bis 3 Stunden ein.

Apropos: Buchweizen ist botanisch gesehen kein Getreide, sondern ein Knöterichgewächs, küchentechnisch behandelt man ihn aber wie Getreide.

Gersten-Fenchel-Salat

100 g Gerste	in
200 ml Wasser	einige Stunden einweichen, dann aufkochen und leise köcheln lassen, bis das Wasser ganz aufgesogen ist und die Körner weich sind (30 bis 45 Minuten). Abkühlen lassen.
1 EL körnige Gemüsebrühe,	
1 EL Essig,	
1 EL Zitronensaft,	
3 – 4 EL Öl	und
Kräutersalz	zu einer Sauce verrühren.
500 g Fenchel	in dünne Streifen schneiden und sofort in die Sauce geben, damit er sich nicht verfärbt. Die Körner dazugeben und alles gut mischen, mit

kleingehacktem Schnittlauch bestreuen.

- **Tip:** Besonders lecker ist auch die Kombination Naturreis/Lauch. Hier gebe ich ganz bewußt den Lauch zum noch warmen Reis, damit er etwas weicher wird, und serviere den Salat noch warm.

Da ich früher in meinem Lokal »Salatschüssel« jeden Tag mindestens zwölf verschiedene Salate zuzubereiten hatte, kam ich schon hin und wieder ins Grübeln, denn auf vieles mußte geachtet werden: Überwiegend Gemüse der Jahreszeit verwenden, Abwechslung in Form und Farbe sowohl bei den Saucen als auch bei der Zusammenstellung der einzelnen Salate. Und last but not least will und kann man nicht jeden Tag dasselbe anbieten, das wäre doch langweilig.

Was also tun?

Die Augen aufmachen und überlegen, was in Form, Farbe und Geschmack zusammenpassen könnte. Und wenn Sie dann vielleicht frischen Rhabarber in der Küche haben, weil Sie ein Dessert oder einen Kuchen backen wollen und Sie gerade Kohl in feine Streifen schneiden, dann könnte es Ihnen wie mir gehen, und Sie kreieren einen neuen Salat, nämlich den

Weißkraut-Rhabarber-Salat

1 kleinen Weißkohl	in schmale Streifen schneiden,
1 – 2 Stangen Rhabarber	waschen oder schälen, in kleine Würfel schneiden, beides vermischen,
1 – 2 EL Obstessig,	
3 – 4 EL Öl	und
Salz	verrühren, über den Salat gießen, gut durchziehen lassen, mit
kleingeschnittenen	
Salbeiblättern	garnieren.

Es ist schon toll, was man aus dem als typisches Wintergemüse verkannten Kohl alles zaubern kann, interessant auch die Kombination mit Wassermelone oder auch mit frischen Feigen. Griechisch ist die Version mit Zwiebeln, Paprika und Oliven.

Bleiben wir gleich bei Paprika: Für das nächste Rezept eignet sich besonders roter oder gelber, dann gehört noch Spinat dazu, und zwar die Teile, mit denen man normalerweise nichts anzufangen weiß, die Stiele. Wenn Sie den Salat probiert haben, sind Sie sicher auch der Meinung, daß die Stiele für den Kompost viel zu schade sind.

Spinatsalat mit Paprika

250 g Spinatstiele	in 1 bis 2 cm lange Stücke schneiden; je dicker der Stiel, um so kürzer.
250 g gelbe Paprika	klein würfeln,
250 g Tomaten	achteln und
1 Zwiebel	in Ringe schneiden.
2 EL Zitronensaft,	
4 EL Olivenöl,	
Kräutersalz	und
Paprikapulver, edelsüß	zu einer Sauce rühren, alles übergießen, durchziehen lassen, mit
10 – 12 Oliven	garnieren.

Immer wenn Sie beim Salatmachen, beim Kochen oder Backen nicht weiter wissen, wenn der letzte Pfiff fehlt, dann denken Sie an Obst. Das wollen wir auch beim nächsten Rezept tun.

Eissalat mit gekeimten Linsen

1 Eissalat	gut trocknen, in kleine Stücke reißen,
300 g Birnen	fein scheibeln.
50 g gekeimte Linsen	und
50 g gehackte Haselnüsse	zugeben,
3 EL Apfelessig,	
5 EL Öl,	
Salz,	
Ingwer,	
Cayennepfeffer	und
1 TL Sojasauce	verrühren, die Linsen darin 60 Minuten ziehen lassen, vor dem Servieren den Salat, die Nüsse und die Birnen zugeben.

• **Tip:** Linsen werden ähnlich wie Getreide gekeimt (siehe Seite 18)

• **Tip:** Statt gekeimten können Sie auch gekochte Linsen verwenden.

So schön die Verwendung von Obst ist, bitte nicht übertreiben, sonst verliert es seinen Reiz.

Doch an einer Obstsorte komme ich auch jetzt nicht vorbei, an Bananen. Wie Sie noch feststellen werden, gibt es mit Bananen nichts, was es nicht gibt. Sie können sie im Frischkorngericht, im Salat, als Suppe, als Hauptgericht, als Dessert oder zum Backen nehmen. Sie schmecken herrlich als Belag auf einem Vollkornbutterbrot, und schließlich kann man sie natürlich auch noch »ohne alles« zwischendurch essen. Hier möchte ich Ihnen folgendes vorschlagen:

Nachdem ich bereits den Tomatensalat mit Bananen und Zwiebeln in Essig-Öl-Marinade in meinem Lokal eingeführt hatte und dieser Salat trotz der Bedenken meiner Mitarbeiterin ein Renner wurde, hielt sie mich bei der folgenden Variante nicht mehr für verrückt.

Rettichsalat mit Banane

1 – 2 schwarze Winterrettiche	gut bürsten und fein raspeln.
1 Banane	in dünne Scheiben schneiden.
1 EL Obstessig, 2 EL Orangensaft, 3 EL Walnußöl	sowie
Pfeffer	und
Curry	zugeben, gut durchmischen, einige Minuten ziehen lassen, mit
Zitronenmelisse	garnieren.

• **Tip:** Sauce mit pürierten Bananen anmachen und über die Rettiche gießen.

Chicorée in Orangensauce

Saft einer Orange,
3 – 4 EL Öl,
Kräutersalz,
Paprikapulver und
1 TL Senf zu einer Sauce verrühren.
500 g Chicorée in feine Streifen schneiden und sofort in die
Marinade geben, durchziehen lassen, mit
Petersilie oder
Zitronenmelisse garnieren.

Diese Sauce paßt auch gut zu Chinakohl, den ich Ihnen diesmal mit Tomaten und Knoblauch ans Herz legen möchte. Wohldosiert verwende ich Knoblauch sehr gerne, mußte dies aber bei den Salaten im Lokal stark einschränken, da viele meiner Mittagsgäste auf Kollegen, Kunden und Patienten Rücksicht nehmen mußten. Chinakohl jedoch, das war bekannt, gab es fast immer mit Knoblauch.

Chinakohl mit Tomaten

1 Chinakohl in nicht zu feine Streifen schneiden,
200 g Tomaten achteln.
2 EL Obstessig,
2 EL Wasser,
4 EL Öl,
1 zerdrückte Knoblauchzehe und
Kräutersalz verrühren, gut mit dem Chinakohl und den
Tomaten mischen, mit reichlich
kleingeschnittenem
Schnittlauch bestreuen.

Beim nächsten Salat wurde ich von einem leicht irritierten Gast gefragt: Was ist eigentlich der Unterschied zwischen dem mehr gelben und dem mehr roten Möhrensalat? – Nun, der gelbe Möhrensalat besteht aus Kürbis.

Kürbis-Lauch-Salat

500 g Kürbis	schälen und fein raspeln,
1 Stange Lauch	in dünne Streifen schneiden.
1 EL Zitronensaft,	
3 EL Öl,	
1 – 2 EL Wasser,	
Kräutersalz	und
Pfeffer	cremig rühren, über das Gemüse geben und alles gut durchmischen.

• **Tip:** Wenn Sie Salate nicht so trocken lieben, verdoppeln Sie einfach die Mengen für die Saucen.

Geteiltes Echo riefen bei meinen Gästen Salate aus rohem Gemüse hervor, das sie sonst nur gekocht kannten. Bei Möhren, Roter Bete und Sellerie habe ich sie überzeugt, bei Blumenkohl nicht. Ganz extrem aber klafften die Ansichten beim rohen Spargelsalat auseinander. Bilden Sie sich bitte Ihre eigene Meinung.

Roher Spargelsalat

300 g Spargel	vom Kopf her schälen, dicke Stengel längs halbieren, in 0,5 bis 1 cm lange Stücke schneiden.
1 EL Essig, 1 EL Zitronensaft, 4 EL Öl Kräutersalz	und verrühren, über den Spargel gießen, gut 60 Minuten ziehen lassen, mit
Dillspitzen	bestreut servieren.

• **Tip:** Sie können natürlich auch gekochten Spargel verwenden.

Blumenkohl serviere ich meist leicht gedünstet:

Gelber Blumenkohlsalat

1 Blumenkohl	in nicht zu kleine Röschen teilen, im Gemüsesieb über
Gemüsebrühe	8 Minuten garen.
1 TL Kurkuma	mit
3 – 4 EL Olivenöl	verrühren, den noch heißen Blumenkohl darin schwenken, bis alles gelb überzogen ist, mit kleingehacktem
Schnittlauch	bestreuen und kalt essen.

- **Tip:** Sie können statt Kurkuma auch edelsüßen Paprika verwenden und erhalten dann einen rötlichen Salat. Sehr gut schmeckt auch geraspelter Blumenkohl, der nur 1 bis 2 Minuten in einer heißen Kurkuma-Öl-Mischung gegart wurde.

- **Tip:** Verwenden Sie bei Kurkuma oder Safran möglichst ein Gefäß aus Edelstahl, denn diese Gewürze färben sehr stark, und andere Materialien lassen sich nur schwer säubern.

Für einen richtigen Schwaben darf bei einem Salatbuffet der Kartoffelsalat nicht fehlen. Meist verwende ich dafür Leinöl, das aber nur vier bis sechs Wochen haltbar ist. Daher sollte man nur kleine Mengen kaufen. Hier wähle ich die gelb-rote Variante.

Kartoffelsalat mit Möhren

400 g kalte Pellkartoffeln	schälen und grob raspeln,
300 g Möhren	grob raspeln,
1 – 2 Frühlingszwiebeln	fein schneiden.
4 – 5 EL Gemüsebrühe	erhitzen und über die Zwiebeln geben, etwas abkühlen lassen, über die Kartoffel und Möhren gießen.
3 – 4 EL Essig,	
6 – 8 EL Leinöl,	
Kräutersalz,	
Pfeffer	und
Muskat	verrühren, über den Salat gießen, vorsichtig durchmischen, 60 Minuten ziehen lassen. Vor dem Servieren nochmals abschmecken. Falls der Salat zu trocken ist, noch Marinade zugießen.

Das Auge ißt immer mit, deshalb folgt jetzt – farblich und nicht politisch gemeint – eine rot-grüne Kombination. Diese Vorspeise eignet sich gut für ein Buffet. Interessant ist nicht nur die Farbkomposition des Rezeptes, sondern vor allem die Füllung. Denn viele kennen Rote Bete nur gekocht. Ich persönlich genieße die Wurzel immer roh, vielleicht noch püriert als Suppe.

Gefüllte rohe Paprika

4 kleine grüne Paprika	Deckel abschneiden, Kerngehäuse herausnehmen, eventuell auch die Unterseite vorsichtig gerade schneiden, damit die Paprika stehen können.
300 g Rote Bete	und
1 säuerlichen Apfel	fein raspeln, mit
1 – 2 EL Zitronensaft	beträufeln, mit
Kräutersalz,	
Pfeffer	und
Paprikapulver	würzen, durchmischen und die Paprika damit füllen. Einen Teil der Deckel in feine Streifen schneiden und Füllung damit dekorieren, in die Mitte je eine
halbe Walnuß	setzen.

• **Tip:** Wenn Sie etwas zuviel Füllung haben, kein Problem: Etwas Margarine dazu, alles pürieren, mit Kräutersalz und Pfeffer abschmecken und Sie haben einen tollen Brotaufstrich zum sofortigen Gebrauch.

Bevor ich in diesem Buch erstmals Sojaprodukte verwende, einige Worte vorab:

Viele Menschen, die auf tierisches Eiweiß verzichten wollen oder müssen, essen die von der Werbung hochgepriesenen Sojaprodukte aus TVP-Soja (TVP = texturiertes vegetabiles Protein).

Diese Produkte werden fabrikatorisch aus Resten, die bei der Sojaölgewinnung anfallen, hergestellt und haben mit vollwertiger Ernährung so wenig zu tun wie Fabrikzucker oder Auszugsmehl.

Andere essen täglich den aus Sojamilch hergestellten Tofu, der einen sehr hohen Eiweißanteil hat, um damit ihren Eiweißbedarf zu decken.

In der Vollwerternährung verzichten wir weitgehend auf alle Konzentrate. Da bei entsprechend ausgewogener Ernährung mit Gemüse, Obst, Hülsenfrüchten und Getreide alle essentiellen Aminosäuren in ausreichender Menge vorhanden sind, ist Tofu als zusätzlicher Eiweißspender nicht notwendig

Sparsam und variabel eingesetzt, kann man mit Tofu bestimmte Nuancen erreichen, die sonst nur bei der Verwendung von Milch, Käse oder Sahne zu erzielen sind. Für diesen Fall finde ich Tofu ebenso wie Miso und Sojamilch auch in der Vollwertküche akzeptabel. Denn für das Wohlbefinden ist der Genuß beim Essen überaus wichtig.

Genug der Worte, laßt uns Taten sehen, aber Achtung, essen Sie nicht zuviel von dem vorzüglichen Salat, sonst bleibt der Genuß auf der Strecke.

Oliven-Tofu-Salat

300 g Tofu	mit der Gabel zerdrücken.
1 TL Senf,	
2 EL Essig,	
1 gepreßte Knoblauchzehe,	
1 EL Sojasauce	und
3 EL Olivenöl	mit dem Schneebesen gut verrühren, Tofu zugeben und durchziehen lassen.
1 Zwiebel	fein hacken.
10 schwarze Oliven	in kleine Stücke schneiden, alles gut mit den übrigen Zutaten durchmischen und mit
Tomatenachteln	garnieren.

Suppen

Eine heiße Suppe an kühlen Tagen oder eine kalte Suppe an heißen Tagen ist fast immer das Richtige. Natürlich kann man sie auch an allen anderen Tagen genießen.

Mit der bereits erwähnten Sojamilch will ich das Kapitel beginnen.

Mangoldcremesuppe

1 kleine Zwiebel	fein hacken,
1 Knoblauchzehe	zerdrücken, beides in
1 EL Öl	glasig dünsten,
40 g Roggenmehl	darin durchschwitzen, mit
1 l Sojamilch	auffüllen, gut verrühren.
300 g Blattmangold	kleinschneiden, 10 bis 15 Minuten in der Suppe köcheln lassen, mit
Muskat,	
Salz,	
Pfeffer	und eventuell
1 TL körniger Gemüsebrühe	abschmecken und servieren.

• **Tip:** Gut eignet sich auch Blattspinat; die Kochzeit ist dann etwas kürzer.

• **Tip:** Wenn Sie auch andere konventionelle Rezepte tierisch-eiweißfrei zubereiten wollen, können Sie dort Milch durch Sojamilch ersetzen.

Knoblauch-Gemüse-Suppe

1 Zwiebel	fein hacken,
1 Stange Lauch	fein schneiden,
150 g Zucchini	klein würfeln,
150 g grüne Bohnen	in 2 bis 3 cm lange Stücke schneiden,
150 g Tomaten	würfeln.
2 EL Olivenöl	erhitzen, Zwiebel und Lauch kurz anbraten, dann
1 l Gemüsebrühe	zugießen, Zucchini und Bohnen in die heiße Brühe geben, bei schwacher Hitze gut 10 Minuten köcheln lassen, dann für weitere 5 Minuten die Tomaten mitkochen, bis die Bohnen gar sind.
20 g Basilikum	sehr kleinschneiden,
2 – 3 Knoblauchzehen	zerdrücken,
30 g Pinienkerne	hacken, alles mit
Kräutersalz	und
Cayennepfeffer	im Mörser zerstampfen, bis eine grüne Paste entstanden ist, nach und nach
2 EL Olivenöl	einarbeiten. Die Paste in vorgewärmte Suppentassen geben, die heiße Suppe darübergießen, einige Minuten ziehen lassen und servieren.

Wie schon erwähnt lassen sich mit Roter Bete farbenfrohe Gerichte
herstellen, so zum Beispiel diese klassische Suppe, die der russischen
Küche entlehnt ist und die eigentlich fast schon ein Eintopf ist.

Borschtsch

300 g Rote Bete	stifteln,
150 g Weißkraut	in dünne Streifen schneiden,
300 g Kartoffeln	grob würfeln,
1 l Gemüsebrühe	erhitzen, das Gemüse hineingeben.
1 TL Bohnenkraut	und
1 Bund Suppengrün	15 bis 20 Minuten mitkochen.
1 – 2 Tomaten,	
1 kleine Gurke	in dünne Scheiben schneiden, in die nicht mehr kochende Suppe geben, mit
1 EL Apfelessig	und
1 EL Sojasauce	abschmecken, mit
Dillspitzen	bestreut servieren.

• **Tip:** Ein Tupfer geschlagener Tofu auf der Suppe rundet die schöne
   Farbe ab.

Nun geht es mit der vielseitigen Kartoffel weiter:

Kartoffelsuppe mit rohem Gemüse

500 g Kartoffeln	in der Schale weich kochen, pellen und durch ein Sieb pressen, mit
1 TL Pilzbrühe	und
1 EL Hefebrühe	in
1 l Wasser	aufkochen, mit
Oregano	und
Basilikum	würzen.
100 g Möhren	und
100 g Kohlrabi	fein raspeln,
100 g Lauch	fein schneiden, alles 5 Minuten in der heißen Suppe ziehen lassen.
Petersilie	klein hacken und darüberstreuen.

Je nach Jahreszeit können Sie natürlich auch anderes Gemüse verwenden, wie zum Beispiel Blumenkohl, Rosenkohl, Sellerie, Fenchel. Wichtig ist immer, das Gemüse kleinzuschneiden.

• **Tip:** Einfacher geht es, wenn Sie die Kartoffeln durch eine Spätzlepresse drücken.

Chicorée wird meist nur als Salat und roh verwendet, vielleicht weil sich die Bitterstoffe im gekochten Zustand oft stärker bemerkbar machen und die Blätter gekocht auch nicht mehr so schön aussehen, aber meine Chicoréesuppe sollten Sie auf alle Fälle einmal probieren.

Chicoréesuppe

500 g Chicorée	ohne Stengelansatz in feine Streifen schneiden.
1 EL Öl	erhitzen,
1 Zwiebel	klein hacken, im Öl leicht anbraten, Chicorée zugeben, andünsten,
30 g Mehl	darüberstäuben, durchschwitzen,
1 l Gemüsebrühe	zugießen, 5 Minuten kochen, mit
Kräutersalz	und
Muskat	würzen, von der Platte nehmen, mit
gehackten Kräutern	servieren.

• **Tip:** Chicorée immer dunkel lagern, sonst verfärben sich die Spitzen grün.

Kommen wir nun zu einer Suppe für heiße Tage, frisch und fruchtig, da bleibt bestimmt nichts übrig.

Kalte Gemüsesuppe

2 grüne Paprika	entkernen, grob zerkleinern.
500 g Tomaten,	
1 Gurke,	
2 Zwiebeln	und
2 Knoblauchzehen	grob zerkleinern.
	Alles im Mixer pürieren, dann
250 ml Apfelsaft	sowie
Dill,	
Petersilie	und
Basilikum (fein gehackt)	zugeben, mit
Paprikapulver,	
Salz,	
Thymian,	
1 EL Apfelessig	und
2 EL Olivenöl	abschmecken, im Kühlschrank kaltstellen.

Dazu paßt geröstetes Vollkornbrot.

Wenn Sie von früher her Mehl in Suppen oder Saucen satt haben, lassen Sie sich jetzt von Getreidesuppen überzeugen.

Sechs-Korn-Schrotsuppe

je 1 EL Weizen, Hirse,	
Hafer, Roggen, Gerste	und
Dinkel	grob schroten, mit getrocknetem
Majoran	würzen, in der Pfanne ohne Fett kurz
	anrösten,
1 l Hefebrühe	aufkochen, den Schrot mit dem Schneebesen
	schnell einrühren, gut 5 Minuten kochen,
	mit
Curry, Paprikapulver	und
Kräutersalz	abschmecken, eventuell mit frischem
Majoran	bestreut servieren.

• **Tip:** Falls die Suppe einmal etwas länger stehen sollte, muß man Brühe nachgießen, da sie sehr schnell eindickt.

Hafer-Champignon-Suppe

100 g Hafer	in
1 l Wasser	aufkochen, 10 Minuten kochen und auf
	ausgeschalteter Platte 15 Minuten
	ausquellen lassen, dann
1 – 2 EL Pilzbrühe	zugeben, nochmals aufkochen.
200 g Champignons	in dünne Scheiben schneiden, Topf vom
	Herd nehmen, Pilze zugeben, mit
Kräutersalz, Muskat	und
Curry	würzen, kurz ziehen lassen, mit
gehackter Petersilie	bestreuen.

Im Winter und Frühjahr, wenn es nur wenig frisches Gemüse gibt, sind Hülsenfrüchte besonders beliebt. Ich habe eine besondere Vorliebe für Linsen, daher beginne ich auch mit zwei Linsensuppen.

Rote Linsensuppe

150 g Linsen	in
1 l Wasser	einige Stunden einweichen.
1 Möhre,	
1 Stück Lauch	und
1 Stück Sellerie	kleinschneiden.
1 EL körnige Gemüsebrühe,	
Koriander,	
Kümmel	und
Ingwer	mit dem Gemüse zugeben, Linsen in gut 30 Minuten garkochen.
1 Zwiebel,	
1 Peperoni	und
1 Knoblauchzehe	klein hacken, in
1 EL Öl	andünsten, zu den Linsen geben.
200 g Tomaten	häuten, pürieren und mit
200 ml rotem Traubensaft	in die Suppe geben, mit
Paprikapulver	und
Salz	abschmecken.

• **Tip:** Wenn Sie – wie ich – Ingwerfan sind, gehört natürlich auch frisch geriebener oder kleingeschnittener frischer Ingwer dazu.

Daß eine Getreidemühle, auch mit Steinmahlwerk, mehr kann als nur Getreide mahlen, darüber staunen die Teilnehmer in meinen Kochkursen immer wieder aufs neue. Sofern die Einlauföffnung groß genug und der Motor entsprechend stark ist, lassen sich auch Hülsenfrüchte mahlen, wie im folgenden Rezept benötigt.

Linsensuppe mit Möhren

1 kleine Zwiebel	fein hacken, in
30 g Öl	anbraten,
1 l Gemüsebrühe	zugeben und aufkochen.
100 g Linsen	fein mahlen und mit dem Schneebesen in die kochende Brühe einrühren, 5 Minuten kochen.
100 g Möhren	fein raspeln, in der Suppe 5 Minuten ziehen lassen, mit
Salz,	
Pfeffer,	
Majoran	und
Oregano	abschmecken, mit
kleingeschnittenem	
Schnittlauch	bestreuen.

• **Tip:** Wenn etwas übrig bleiben sollte, dann verwenden Sie den Rest für einen exzellenten Brotaufstrich. Geben Sie etwas Reformmargarine dazu, pürieren das Ganze und würzen Sie nach Geschmack.

Safran macht nicht nur »den Kuchen gel«, wie es in einem alten
Kinderreim heißt, sondern auch Suppen und andere Gerichte.

Kichererbsensuppe mit Safran

200 g Kichererbsen	in
knapp 1,5 l Wasser	über Nacht einweichen, dann mit
gemahlenem Rosmarin	und
Basilikum	aufkochen, in 60 bis 90 Minuten
	weichgaren (unter Dampfdruck geht's
	schneller).
50 g Möhren	und
100 g Sellerie	kleinschneiden, 5 bis 10 Minuten
	mitkochen, dann alles pürieren, mit
1 – 2 Msp Safran,	
Chilipulver,	
Salz	und
1 EL Zitronensaft	würzen und mit kleingehacktem
Dill	servieren.

• **Tip:** Wenn Sie keinen Safran im Haus haben, können Sie auch
  1 TL Kurkuma verwenden.

Genauso wie bei Salaten und Hauptgerichten lassen sich durch die Verwendung von Obst so interessante Geschmacksnuancen komponieren, daß selbst Suppenkasper dabei schwach werden, wie Ihnen die folgenden Suppen beweisen werden. Beginnen wir mit der unvermeidlichen Banane.

Pikante Bananensuppe

1 Zwiebel	grob hacken, in
2 EL Öl	anbraten,
750 ml Gemüsebrühe	zugießen, 5 Minuten kochen.
2 – 3 Bananen	mit der Gabel zerdrücken, in die heiße Brühe geben, gut verrühren, mit
Salz,	
Pfeffer,	
viel Curry	und
Kurkuma	würzen, mit gehackter
Petersilie	bestreut servieren.

• **Tip:** Als Variation kann man gekochten Reis oder anderes gekochtes Getreide hinzufügen. Dann muß man aber eventuell noch Flüssigkeit zugeben.

Besonders apart schmeckt die folgende Zwiebelsuppe, der man zusätzlich noch eine Banane hinzufügen kann.

Zwiebelsuppe mit Mango

200 g Zwiebeln	würfeln,
1 – 2 Knoblauchzehen	pressen,
100 g Naturreis	waschen, gut abtropfen lassen, alles in
2 – 3 EL Öl	anbraten,
2 TL Curry	kurz mitbraten.
750 ml Gemüsebrühe	zugießen, den Reis in 20 bis 30 Minuten weich kochen,
2 EL Mandeln	blättrig schneiden, in
1 EL Öl	anbraten, beiseite stellen,
1 sehr reife Mango	schälen, Kern entfernen, mit
2 – 3 EL Zitronensaft	und
2 – 3 EL Traubensaft	pürieren. Suppe vom Herd nehmen, Mangosauce unterrühren, mit den gerösteten Mandeln garnieren.

Die englische Küche hat bei uns keinen besonders guten Ruf, aber immer
wieder findet man interessante und schmackhafte Gerichte, wie zum
Beispiel die

Englische Orangen-Tomaten-Suppe

750 g Tomaten	vierteln,
1 Zwiebel	klein würfeln,
1 Möhre	in dünne Scheiben schneiden.
Abgeriebene Schale	
von einer halben Zitrone	zugeben, mit
1 Lorbeerblatt	und
4 – 5 Pfefferkörnern	in
250 ml Gemüsebrühe	ca. 15 Minuten kochen, Lorbeerblatt
	entfernen, dann das Gemüse pürieren, mit
Wasser	auf 1 Liter auffüllen,
30 g Öl	erhitzen,
30 g Mehl	darin durchschwitzen, dann die
	Tomatenbrühe zugießen.
1 unbehandelte Orange	sehr dünn schälen, Schale in feine Streifen
	schneiden, die geschälte und eine weitere
Orange	auspressen, mit
Salz	und
Honig	abschmecken und mit den
Orangenstreifen	bestreuen.

Im Frühjahr empfehle ich Ihnen einen Gang in Ihren Naturgarten.
Suchen Sie die sogenannten Unkräuter, und lassen Sie sich von mir
zu einer Frühlingssuppe inspirieren.

Frühlingssuppe

200 g junge Brennesselblätter und	
50 g Sauerampferblätter	gut waschen und kleinschneiden.
1 Frühlingszwiebel	kleinschneiden, in
Öl	andünsten,
1 l Gemüsebrühe	zugeben, die Wildkräuter hinzufügen, weich kochen und pürieren.
Brennesselspitzen,	
Petersilie	und
Schnittlauch	fein hacken, in die Suppe geben, mit
Salz	und
Pfeffer	abschmecken und mit
Gänseblümchenblüten	garniert servieren.

• **Tip:** Ich ziehe zum Waschen und Putzen der Brennesseln ebenso wie
  zum Pflücken Handschuhe an, obwohl meine Frau behauptet, die
  jungen Brennesseln würden nicht brennen. Sie faßt sie auch an, aber
  für mich ist Vorsicht die Mutter der Porzellankiste.

Bratlinge mit Beilagen

Bei den folgenden Hauptgerichten bringe ich Ihnen manchmal die Zusammenstellungen, die wir in der »Salatschüssel« servierten, hin und wieder verweise ich auf passende Beilagen, bei den restlichen Gerichten möchte ich an Ihre eigene Phantasie appellieren.

Bratlinge – oder Küchle, wie man bei uns sagt – werden in der Regel mit Eiern zubereitet. Bei den folgenden Rezepten zeige ich Ihnen, daß man ohne weiteres darauf verzichten kann, wenn man die Zutaten zum Beispiel gut knetet, die Bratlinge sehr sorgfältig formt oder andere Hilfsmittel verwendet, damit sie nicht auseinanderbrechen. Außerdem sollte man sie immer langsam bei mäßiger Hitze ausbacken.

Beginnen wollen wir mal mit den einfachsten Küchle.

Reisküchle

125 g Naturreis	in der
doppelten Menge	
Wasser	weich kochen, abkühlen lassen.
1 Möhre	fein raspeln,
1 kleine Zwiebel	fein hacken, mit dem Reis sowie
80 g Vollkorn-Paniermehl,	
1 EL körniger Hefebrühe,	
Salz,	
Curry	und
Piment	mischen, alles kräftig mit der Hand kneten,
	mit feuchten Händen sorgfältig Küchle
	formen, in
wenig Öl	langsam ausbacken.

Na, war doch ganz einfach.

- **Tip:** Wenn Sie erhitztes Fett meiden oder zumindest daran sparen wollen, dann können Sie die Küchle auch auf einem leicht gefetteten Blech im Backofen backen. Es dauert etwas länger, bis sie gar sind, und sie bekommen keine solche Kruste wie beim Braten.

Auch wenn Sie einmal größere Mengen Küchle zubereiten wollen, ist der Backofen hilfreich, allerdings brate ich sie der Kruste zuliebe vorher oder hinterher in der Pfanne noch an.

Dinkel-Mandel-Küchle mit Apfelkartoffeln

300 g Dinkel	grob mahlen,
500 ml Gemüsebrühe	erhitzen, über den Getreideschrot geben,
20 g Hefe	dazu bröckeln, alles gut verrühren, 30 Minuten quellen lassen.
100 g Mandeln	fein reiben, unter den Teig rühren,
Erdnußöl	erhitzen, einen Eßlöffel Teig in die Pfanne geben, Küchle glatt streichen, bei mäßiger Hitze langsam ausbacken.

Dazu passen vorzüglich:

Apfelkartoffeln

750 g Kartoffeln	vierteln oder achteln,
500 ml Wasser	mit
1 Lorbeerblatt, Salz, Piment, Nelken und Pfeffer	aufkochen, Kartoffeln hineingeben, 15 Minuten kochen,
500 g säuerliche Äpfel	vierteln, das Kerngehäuse entfernen, 5 Minuten mitkochen, bis die Kartoffeln gar sind,
1 EL Honig	und
2 – 3 EL Apfelsaft	unterrühren, mit
Petersilie	bestreuen.

• **Tip:** Kochen Sie die Äpfel nicht zu lange mit, sonst werden Sie noch gefragt: »Wo bitte sind denn die Äpfel?«

Gerstenbratlinge mit Bohnenmais

300 g Gerste	grob schroten, mit so viel
Wasser	verrühren, daß der Schrot gut bedeckt und das Wasser nach 60 Minuten ganz aufgesogen ist.
1 – 2 Frühlingszwiebeln	kleinschneiden, mit
Kräutersalz,	
Paprikapulver,	
Curry	und
1 EL körniger Hefebrühe	in den eingeweichten Schrot einarbeiten, mit dem Eßlöffel in die Pfanne geben, glatt streichen und in
Öl	langsam ausbacken.

- **Tip:** Hervorragend lassen sich auf die gleiche Art Roggenbratlinge herstellen. Ich ersetze dabei die Zwiebel durch Lauch; etwas milder wird das Ganze durch eine geraspelte Möhre.

Bohnenmais

150 g Azukibohnen	über Nacht einweichen, dann im Einweichwasser 60 Minuten kochen,
200 g tiefgefrorene Maiskörner	und
200 g tiefgefrorene Erbsen	in etwas
Wasser	erhitzen. Wenn die Bohnen weich sind, Mais und Erbsen hinzufügen, mit
Koriander,	
Chili	und
Cayennepfeffer	würzen,
Pfefferminzblätter	fein hacken und zum Bohnenmais geben.

Natürlich frage ich mich oft, wie ich ein Rezept nennen soll, wenn es keinen allgemein üblichen Namen dafür gibt, irgendeinen tollen Phantasienamen, unter dem man sich nichts vorstellen kann oder eine Bezeichnung, die sofort erkennen läßt, um was es sich handelt. Ich entschließe mich meist für Letzteres.

Haferflockenküchle mit Apfelrotkraut

150 g Hafer	zu Flocken quetschen oder sehr grob schroten,
50 g Buchweizen	fein mahlen.
2 EL Hefeflocken	dazugeben, alles mischen, mit
250 ml Mineralwasser	übergießen und quellen lassen.
1 kleine Lauchstange	sehr fein schneiden,
1 – 2 EL Petersilie	fein hacken, unterrühren, mit
Koriander	und
Kräutersalz	würzen.
Öl	erhitzen, mit dem Löffel Teig in die Pfanne geben, glatt streichen, langsam ausbacken.

Apfelrotkraut

800 g Rotkraut	fein hobeln,
300 g säuerliche Äpfel	ohne Kerngehäuse fein scheibeln,
1 Zwiebel	mit
3 – 4 Nelken	spicken.
4 – 5 EL Öl	erhitzen,
1 TL Senfkörner	ins heiße Fett geben (Vorsicht: Es kann spritzen!).
1 TL Piment, Salz	und die übrigen Zutaten hinzufügen,
250 ml naturtrüben Apfelsaft	zugießen und alles in 20 bis 30 Minuten weich kochen. Die Zwiebel vor dem Servieren entfernen.

Zum Entwickeln neuer Rezepte braucht man in einem Restaurant auch
Mut, insbesondere den der Gäste, damit sie von der alten schwäbischen
Regel »Was dr Buer net kennt, des frißt er net« abweichen und auch völlig
neue Gerichte probieren. Oft ist da die Neugier eine gute Hilfe. So ging es
mir beim nächsten Rezept.

Als die Gäste »Rotkrautküchle« lasen, stutzten sie zunächst, fragten
nochmals nach dem Namen, da sie dachten, sie hätten meine Schrift an der
Tafel falsch entziffert, überlegten, ob sie es riskieren sollten, und diejenigen, die sich dafür entschieden, waren begeistert. Das Originalrezept
war zwar mit Eiern, aber mit etwas Geschick geht es auch ohne.

Am besten machen Sie vom vorherigen Rezept eine größere Menge, dann
sind die Küchle schnell zubereitet.

Rotkrautbratlinge

300 g Apfelrotkraut	wie im vorhergehenden Rezept beschrieben herstellen und abkühlen lassen.
125 g gekochten Naturreis	und
100 g Buchweizenmehl	mit dem Rotkraut mischen, mit
Salz, Nelken Curry	und würzen, gut durchkneten, mit nassen Händen Bratlinge formen, in
Öl	langsam ausbacken.

Als Beilage Salat oder Mischgemüse servieren.

Es muß übrigens nicht immer die Küchle- oder Frikadellenform sein,
machen Sie doch einmal

Buchweizenrollen

150 g Buchweizen	in
300 ml Gemüsebrühe	5 Minuten kochen, dann 10 bis 15 Minuten
	auf ausgeschalteter Platte quellen lassen,
100 g Vollkornbrösel	untermischen, mit
Paprikapulver,	
Macis	und
Kräutersalz	würzen, mit nassen Händen ca. 5 cm lange
	und 1,5 cm dicke Rollen formen, in
Öl	rundherum braten.

Zuweilen wird bei der Zubereitung in der Pfanne doch sehr viel Fett verwendet – schließlich soll ja nichts anbacken. Wer es einmal etwas weniger üppig haben möchte, kann auf die folgende Variante zurückgreifen, denn Bratlinge gelingen auch im Backofen problemlos.

Buchweizen-Hafer-Bratlinge

150 g Weizen	mittelfein mahlen.
150 g Hafer	zu Flocken quetschen oder grob schroten, mit
150 g Buchweizen	mischen.
Ca. 400 ml Gemüse-brühe	erhitzen und über das Getreide gießen. Anschließend
20 g Hefe	zerbröckeln und in die Masse einarbeiten. Gut 30 Minuten stehen lassen, bis die ganze Flüssigkeit aufgesogen ist. Den Teig mit
Oregano, Salz	und
Paprikapulver	würzen. Gut 1 cm dicke Bratlinge formen und diese auf ein gefettetes Blech setzen. Bei 200° C ca. 10 Minuten backen, dann wenden und weitere 10 Minuten backen.

Die Bratlinge schmecken warm zu Gemüse und Salat; sie eignen sich aber auch vorzüglich zum Mitnehmen beim Wandern oder für ein Picknick. Ein scharfes Chutney oder auch etwas Senf können hierbei das Tüpfelchen auf dem »i« sein.

Geometrisch in der Form, gelb in der Farbe und geschmacklich kaum zu
übertreffen sind

Gebratene Polentascheiben

600 ml Wasser	aufkochen,
200 g Maisgrieß	
(Polenta)	einrühren, mit
1 EL körniger Gemüsebrühe,	
gehacktem Salbei	und
Majoran	würzen, bei schwacher Hitze kurz kochen, dann ausquellen lassen, bis das ganze Wasser aufgesogen ist, immer wieder umrühren.
80 g Haselnüsse	fein reiben und mit
Muskat	untermischen. Backblech mit kaltem Wasser abspülen, Polenta noch heiß ca. 1 cm dick daraufstreichen, erkalten lassen, dann in Rauten schneiden, mit dem Pfannenheber lösen und in
Öl	langsam ausbacken.

Oft werde ich gefragt, wie ich bei meiner vegetarischen Ernährungsweise und ganz besonders beim Verzicht auf tierisches Eiweiß meinen Bedarf an Eiweiß decke. Wie komme ich zu den lebenswichtigen essentiellen Aminosäuren? Das sind jene Aminosäuren, die der Körper nicht selbst herstellen kann und die mit der Nahrung zugeführt werden müssen. Die Antwort ist einfach. In allen Pflanzen, die wir essen, sind alle Aminosäuren enthalten, allerdings nicht in jeder Pflanze alle in ausreichender Menge. Wenn Sie abwechslungsreich und vollwertig essen, ergänzen sich die Aminosäuren entsprechend. Eine besonders wertvolle Kombination sind Getreide und Hülsenfrüchte; man kann hier sogar eine höhere biologische Wertigkeit als durch tierische Produkte erreichen.
Schon die alten Indios haben intuitiv das Richtige als Hauptnahrungsmittel gewählt, nämlich Mais (Getreide) und Bohnen (Hülsenfrüchte), dies wollen wir mit den Bohnenbratlingen nachempfinden.

Mais-Azukibohnen-Bratlinge

100 g Azukibohnen	über Nacht einweichen, in gut 60 Minuten weich kochen (unter Dampfdruck geht's schneller).
500 ml Gemüsebrühe	aufkochen,
150 g Polenta	einstreuen, unter Rühren 5 Minuten kochen, dann 30 Minuten quellen lassen.
1 Zwiebel	fein hacken,
1 Knoblauchzehe	durchpressen, beides in
Öl	anbraten. Bohnen, Mais und Zwiebel mit
50 g Vollkornbrösel	mischen, mit nassen Händen Bratlinge formen, in
Öl	langsam ausbacken.

Kichererbsenbratlinge

200 g Kichererbsen	in
750 ml Wasser	über Nacht einweichen.
1 Zwiebel	und
1 Knoblauchzehe	grob hacken,
20 g frischen Ingwer	fein reiben, mit den Kichererbsen zusammen 60 bis 90 Minuten köcheln lassen, bis die Kichererbsen weich sind.
Koriander,	
Nelken,	
Kardamom,	
Piment,	
Kreuzkümmel	und
Zimt	mit
wenig Wasser	zu einer Paste verrühren,
60 – 80 g Reis	fein mahlen, Kichererbsen pürieren, Gewürzmischung und Reismehl hinzufügen, bis ein formbarer Teig entsteht, eventuell noch Mehl zugeben, Bratlinge formen und in
Öl	ausbacken.

Mit Kurkuma oder Safran werden die Bratlinge schön gelb, während beim nächsten Rezept Brokkoli die Kartoffeln grün färbt.

Brokkoli-Kartoffel-Rollen

250 g Brokkoli	in Röschen teilen, im Sieb über
Gemüsebrühe	weich kochen, dann pürieren,
300 g Kartoffeln	in der Schale weich kochen, schälen,
	durchpressen,
100 g Dinkel	fein mahlen, gut mit Kartoffeln und Brokkoli
	vermischen und durchkneten, mit
Muskat,	
Pfeffer	und
Salz	würzen, eventuell noch Mehl zugeben.
	Rollen formen, in
Vollkornbrösel	wälzen und in wenig
Öl	ringsum ausbacken.

Nun haben wir gleich den richtigen Übergang zum nächsten Kapitel, hier steht nämlich die Kartoffel ganz im Mittelpunkt.

Kartoffelgerichte

Viele meiner Stammgäste waren wahre Kartoffelliebhaber. Wenn Kartoffeln auf dem Speiseplan standen, brauchte ich gar nicht erst nach der Bestellung zu fragen, sie nahmen immer Kartoffeln, ganz gleich in welcher Form und mit welchen Beilagen.

Ganz besonders beliebt ist das folgende Gericht:

Saures Kartoffelgemüse mit Lauchstangen

100 g Zwiebeln	fein würfeln, in
1 EL Öl	glasig dünsten.
1 kg Kartoffeln	mit der Schale in ca. 0,5 cm dicke Scheiben schneiden, zu den Zwiebeln geben, dann
1 l Gemüsebrühe	und
3 EL Apfelessig	zugießen und in gut 20 Minuten bei kleiner Hitze kochen lassen, bis die Kartoffeln gar sind. Die noch vorhandene Gemüsebrühe mit
2 – 3 EL Roggenmehl	binden und mit
Salz	und
Pfeffer	abschmecken.
8 kleine oder	
4 große Lauchstangen	vorbereiten, die losen grünen Blätter abschneiden und für ein anderes Gericht weiter verwenden, die festen Stangen längs halbieren, im Sieb über
Gemüsebrühe	in ca. 15 Minuten weich dünsten und mit den Kartoffeln servieren.

Das übrige Lauchgrün kann man vorzüglich für Getreidesalate oder auch für Möhrensalat verwenden.

Einen ganz überraschenden Geschmack erlebt man bei dem folgenden typischen Wintergericht mit Kartoffeln und Kohl durch die Verwendung von Nüssen. Hier lassen sich auch »eingefleischte« Kohlgegner gerne verführen.

Kartoffel-Kohl-Topf mit Haselnüssen

1 kg Weißkohl	in dünne Streifen schneiden,
200 g Zwiebeln	in feine Ringe schneiden,
400 g Kartoffeln	in dünne Scheiben schneiden, alles in
250 ml Gemüsebrühe	geben, mit
Rosmarin,	
Kümmel	und
Lorbeerblatt	würzen, gut 10 Minuten kochen.
125 g Haselnüsse	fein reiben, mit
50 g Vollkornbrösel	in
100 g Reformmargarine	kurz anbraten.
Petersilie	und
Kerbel	fein hacken und in die Nußmischung geben. Das Lorbeerblatt herausnehmen und zwei Drittel der Kartoffel-Kohl-Masse in eine gefettete Auflaufform geben, darauf die Nußmischung verteilen, mit der restlichen Kartoffel-Kohl-Masse abschließen.
Margarineflöckchen	darübergeben, im Ofen bei 175° C 40 bis 50 Minuten backen.

- **Tip:** Wenn Sie den Mehraufwand nicht scheuen: Es schmeckt noch besser, Kohl und Kartoffeln getrennt zu kochen und schichtweise Kartoffel-Kohl-Nüsse-Kohl-Kartoffeln zu backen.

Machen wir eine kleine Weltreise in Sachen Kartoffeln: Begonnen haben wir bei uns, das vorige Rezept stammt aus Irland, das nächste aus Afrika, und danach führt die Reise nach Mittelamerika.

Bratkartoffeln afrikanisch

750 g Kartoffeln	in der Schale garkochen, pellen, in dünne Scheiben schneiden, mit
1 TL Kurkuma	und
1 EL körniger Gemüsebrühe	bestreuen.
50 g Öl	erhitzen,
1 Zwiebel	fein schneiden, darin anbraten,
50 g Buchweizen	mitbraten,
50 g Erdnüsse	reiben, mit den Kartoffeln zugeben, gut 5 Minuten braten.
1 – 2 Bananen	in Scheiben schneiden, mit
1 TL Honig	dazugeben, vermischen, noch 5 Minuten braten, mit fein geschnittenem
Schnittlauch	bestreuen.

Auch hier erweist es sich wieder: Bananen passen und schmecken immer.

Kreolische Kartoffeln

1 kg Kartoffeln	in der Schale kochen, schälen, in Scheiben schneiden. Von
1 Zitrone	und
1 Orange	Schale abreiben. Das Fruchtfleisch von
500 g Ananas,	
4 Orangen	und
1 Zitrone	würfeln, Saft dabei auffangen, die Hälfte der Kartoffeln in eine gefettete Auflaufform füllen, das Obst darüber geben, mit den Kartoffeln abschließen. Den aufgefangenen Saft mit den geriebenen Schalen,
2 – 3 EL Öl,	
2 – 3 EL Honig,	
Salz,	
Piment	und
Nelken	leicht erwärmen und gut mischen, über die Kartoffeln gießen und bei 180° C ca. 15 Minuten überbacken.

Dazu habe ich am Freitagabend, wenn es bei mir in der Salatschüssel Feinschmeckergerichte gab, meistens überbackene Schwarzwurzeln serviert.

Gemüse- und Pilzgerichte

In der konventionellen Küche wird Gemüse nur als Beilage zu Fleisch-
gerichten verschiedenster Art verwendet. Dabei wird es meist »zu Tode«
gekocht. Für mich war solches Gemüse schon immer fast ungenießbar, und
ich war sehr skeptisch, als ich mich vor vielen Jahren aus ethischen
Gründen zur vegetarischen Lebensweise entschlossen habe, ob und wie ich
mit gekochtem Gemüse zurecht kommen würde. Aber vielseitig und *al
dente*, also bißfest zubereitet, ist Gemüse zu einem festen und nicht mehr
wegzudenkenden Bestandteil meiner Ernährung geworden. An meiner
Abneigung gegen weiches, »lätschiges« Gemüse hat sich bis heute nichts
geändert.

Überbackene Schwarzwurzeln

500 g Schwarzwurzeln	schälen und sofort in Essigwasser legen, damit sie sich nicht verfärben. In 10 cm lange Stücke schneiden. Im Sieb über
Gemüsebrühe	10 bis 15 Minuten garen und in eine gefettete Auflaufform geben.
40 g Weizen	und
40 g Haselnüsse	fein reiben, beides in der Pfanne ohne Fett unter Rühren anrösten, bis es duftet.
1 kleine Zwiebel	in etwas
Öl	glasig dünsten,
gut 300 ml	
Gemüsebrühe	zugießen, Mehlmischung einrühren, mit
1 Lorbeerblatt	unter Rühren aufkochen und 10 Minuten quellen lassen. Mit
Curry,	
Kräutersalz	und
Pfeffer	würzen.
	Das Lorbeerblatt herausnehmen und die Mischung auf die Schwarzwurzeln geben, bei 180° C ca. 10 Minuten backen.

• **Tip:** Zum Schälen der Schwarzwurzeln empfehle ich Ihnen, Handschuhe anzuziehen, auch wenn Sie sonst nicht gerne damit arbeiten.

• **Tip:** Im Frühjahr können Sie auch frischen deutschen Spargel verwenden.

Lassen Sie sich von meinen Gemüsezubereitungen überzeugen.
Wir bleiben gleich bei den schon erwähnten Schwarzwurzeln.

Schwarzwurzeln mit Mandelschaum

1 kg Schwarzwurzeln	schälen (die geschälten Wurzeln in Essigwasser legen), in 5 cm lange Stücke schneiden, im Sieb über
Gemüsebrühe	10 bis 15 Minuten garen.
80 g Mandeln	sehr fein reiben (eventuell Haut vorher abziehen), in
1 EL Öl	leicht anrösten, mit
250 ml Gemüsebrühe	ablöschen, mit dem Schneebesen
1 EL Dinkelmehl	einrühren, mit
Saft von je einer halben Zitrone und Orange,	
Salz	und
Pfeffer	abschmecken.
3 – 4 EL geschlagenen Tofu	unterziehen und über die Schwarzwurzeln gießen.

Dazu passen Kartoffeln, Reis oder auch Vollkornnudeln.

- **Tip:** Zum Schälen der Schwarzwurzeln empfehle ich Ihnen, Handschuhe anzuziehen, auch wenn Sie sonst nicht gerne damit arbeiten.

- **Tip:** Wenn Sie keinen Tofu zur Hand haben, können Sie auch darauf verzichten, wenn Sie 125 ml mehr Gemüsebrühe und 1 EL Dinkelmehl zusätzlich nehmen.

Und noch ein Stengelgemüse:

Staudensellerie mit Nüssen

2 – 3 Staudensellerie	in fingerlange Stücke schneiden, mit
250 ml Gemüsebrühe,	
1 EL Öl,	
Liebstöckel,	
Thymian,	
1 TL Pilzbrühe	und
gemahlenem Fenchelsamen	15 Minuten zugedeckt kochen.
500 g Tomaten	häuten, vierteln und 5 Minuten mitkochen,
2 EL Zitronensaft	und
1 EL Hefeflocken	untermengen,
50 g Haselnüsse	fein reiben, in
1 – 2 EL Öl	anbraten, mit
Paprikapulver,	
Kräutersalz	und
gehackten frischen Kräutern	würzen und zu Kräuterkartoffeln servieren.

Ein echter Renner bei mir im Lokal war das folgende Brokkoligericht. Ich hatte aber Bedenken, es auf die Speisekarte zu setzen und zwar aus folgendem Grund: Ich habe immer einen Plan für die ganze Woche gemacht, nachdem ich mich erkundigt habe, welche Gemüsesorten mein Biolieferant jeweils anbieten konnte. Doch mehrmals ist es mir so ergangen, daß der Brokkoli immer an dem Tag, wenn ich ihn brauchte, bereits ausverkauft war. Wollte ich dann notgedrungen auf den konventionellen Handel zurückgreifen, um meine Gäste nicht zu enttäuschen, hatte ich auch dort oft Pech und mußte doch noch umdisponieren.

Gedünsteter Brokkoli
mit Camarguereis und Zwiebelsauce

800 g Brokkoli	in Röschen mit Stiel teilen, dicke Stengel eventuell schälen, im Sieb über
Gemüsebrühe	gut 10 Minuten dämpfen.
200 g Camarguereis	in der doppelten Menge
Wasser	einweichen und in 20 bis 30 Minuten weich kochen, den Brokkoli zugeben und mit
Kräutersalz	und
Paprikapulver	würzen.

Dazu serviere ich die folgende Zwiebelsauce:

Zwiebelsauce

1 große Zwiebel	sehr fein hacken, in
2 EL Öl	glasig dünsten,
60 g Grünkernmehl	zugeben und durchschwitzen lassen,
400 ml Gemüsebrühe	zugießen, mit
Salz,	
Pfeffer	und
Paprikapulver	würzen und mit
Dillspitzen	bestreuen.

• **Tip:** Als Ingwerfan füge ich zu den Zwiebeln noch etwas klein-
geschnittenen Ingwer, auch eine durchgepreßte Knoblauchzehe
schmeckt lecker, und wer es schärfer liebt, gibt noch etwas fein
gehackte Peperoni dazu. Auch alles zusammen ist köstlich.

• **Tip:** Besonders appetitanregend ist folgender Serviervorschlag: Mit einem
halbkugelförmigen Portionierer oder einer Tasse den roten Reis in
die Tellermitte setzen, den grünen Brokkoli rundherum anrichten
und die Zwiebelsauce zwischen Reis und Gemüse verteilen.

• **Tip:** Farblich noch schöner wird das Gericht, wenn Sie die Zwiebelsauce
mit Kurkuma oder Safran würzen.

Auch beim nächsten Gericht spielt Reis eine zentrale Rolle. Hier verwende ich aber meist den üblichen Naturreis, obwohl auch der rote sehr gut paßt.

Lauch-Reis-Topf

200 g Reis	in
400 – 500 ml Wasser	20 bis 30 Minuten einweichen, dann gut 20 Minuten köcheln lassen.
1 kg Lauch	halbieren, in 2 bis 3 cm lange Stücke schneiden,
200 g Möhren	in dünne Scheiben schneiden,
300 g Tomaten	häuten und würfeln.
4 EL Öl	im Topf erhitzen, Lauch darin kurz andünsten, Möhren und Tomaten zugeben, mit
1 EL Hefeflocken, 1 EL körniger Gemüsebrühe, Salz, Pfeffer	
Majoran	und würzen. Den vorgekochten Reis darauf verteilen, alles bei mäßiger Hitze ohne Rühren ca. 30 Minuten köcheln lassen, eventuell vorher zur Sicherheit noch etwas Wasser in den Topf geben.
Saft einer Zitrone	und
3 EL Olivenöl	cremig schlagen, in den Topf geben, gut durchmischen und mit
kleingehacktem Basilikum	bestreut servieren.

»Noch ein Reisgericht ...«, werden Sie denken, aber diesmal handelt es sich um eine wirkliche Spezialität, nämlich um schwarzen Wildreis. Er ist zwar nicht ganz billig, aber seinen Preis wert und viel ergiebiger als normaler Reis.
Wenn Sie Wildreis essen – bitte immer pur. Strecken Sie ihn nicht mit normalem Reis, wie in vielen Rezepten zu lesen ist oder wie es in vielen Restaurants serviert wird. Dies bringt nur optisch etwas, aber kaum geschmacklich. Essen Sie ihn lieber seltener, dann genießen Sie ihn richtig.

Süß-saures Gemüse mit Wildreis

125 g Wildreis	in
500 ml Wasser	einige Stunden einweichen, aufkochen, in ca. 45 Minuten garkochen, kurz vor Ende der Garzeit mit
1 EL Pilzbrühe	würzen. In der Zwischenzeit
150 g Weißkohl	fein schneiden,
200 g Staudensellerie	in dünne Scheiben schneiden,
400 g Paprika	in Streifen schneiden,
250 g Möhren	scheibeln.
4 EL Öl	erhitzen, Gemüse darin anbraten,
250 ml Gemüsebrühe	zugeben, gut 15 Minuten dünsten, mit
1 EL Honig,	
1 – 2 EL Essig,	
2 EL Sojasauce	und
Salz	abschmecken. Wer will, kann die Sauce noch mit
Reismehl	binden. Gemüse und Wildreis gemeinsam servieren.

Natürlich können Sie auf die gleiche Art auch andere Gemüsesorten zubereiten, dieses Gericht schmeckt auch mit Natur- oder Camargereis.

Jetzt folgen einige Frühjahrs- und Sommergerichte, später kommen wir zu den Wintergemüsen.

Grüne Bohnen mit Paprikastreifen

250 g grüne Bohnen	in 3 bis 4 cm lange Stücke schneiden,
250 g rote Paprika	in Streifen schneiden,
500 g Kartoffeln	würfeln,
1 Zwiebel	und
1 – 2 Knoblauchzehen	fein hacken.
2 EL Erdnußöl	stark erhitzen,
1 TL Senfkörner	darin anrösten (Vorsicht, kann spritzen!),
	Zwiebel und Knoblauch kurz mitbraten,
	dann das Gemüse und die Kartoffeln hinzufügen,
125 – 250 ml Wasser	zugießen, mit
Kurkuma,	
Curry,	
Salz,	
Pfeffer	und
eventuell 1 Msp Chili	würzen und bei kleiner Hitze 20 Minuten garen, mit
gehackten Kräutern	bestreut servieren.

Dazu passen Bratlinge aller Art oder Pilze sehr gut.

Südländisches Gemüse, das aber auch bei uns angebaut wird, macht den besonderen Reiz des nächsten Gerichtes aus. Ich serviere es immer mit Kräuterkartoffeln.

Ratatouille

2 Zwiebeln	in Ringe schneiden,
500 g Auberginen	und
300 g Zucchini	in Scheiben und
300 g Paprika	in Streifen schneiden,
300 g Tomaten	würfeln. Die Zwiebeln in
4 EL Olivenöl	anbraten, Zucchini, Auberginen und Paprika zugeben und ca. 15 Minuten im eigenen Saft köcheln lassen, mit
Kräutersalz,	
Paprikapulver,	
Chili	und
1 EL körniger Gemüsebrühe	würzen, in den letzten 5 Minuten Tomaten mitdünsten, mit
gehacktem Basilikum	bestreuen.

Wer Knoblauch mag, kann ihn an die Ratatouille geben, unbedingt notwendig ist er aber für das

Gemüsegulasch

150 g Zwiebeln	und
1 – 2 kleine Peperoni	sowie
2 Knoblauchzehen	fein schneiden, in
Öl	andünsten.
500 g gemischtes Gemüse	
(Möhren, Lauch, Sellerie,	
Kohlrabi, Kohl)	grob würfeln,
300 g rote und	
grüne Paprika	in Streifen schneiden,
200 g Tomaten	vierteln, in
250 ml Gemüsebrühe	10 bis 15 Minuten bißfest garen, zum Schluß mit
Zitronensaft,	
Salz,	
Kümmel,	
Estragon	und
Paprikapulver	würzen.

• **Tip:** Sehr gut eignen sich auch Pilze, die kurz mitgegart werden.

• **Tip:** Als Beilage Reis oder Vollkornnudeln reichen.

• **Tip:** Man kann auch gewürfelte Kartoffeln mitkochen oder gekochte Kartoffeln kurz mit erhitzen.

Spanisch kommt uns das nächste Gericht:

Hirsepaella

250 g Hirse	im Sieb unter heißem Wasser abspülen, mit
600 ml Gemüsebrühe	aufkochen, 5 Minuten kochen, ca. 20 Minuten auf ausgeschalteter Platte oder einem Metallgitter quellen lassen.
100 g Zwiebel	fein schneiden,
100 g Möhren,	
250 g Auberginen	und
250 g Zucchini	scheibeln und
100 g Champignons	blättrig schneiden. Das Gemüse und die Zwiebel in
Öl	andünsten, im eigenen Saft leicht garen. Mit der Hirse mischen, mit
Curry,	
Salz	und
Petersilie	abschmecken. In eine gefettete Auflaufform geben und ca. 15 Minuten überbacken.

Statt Hirse eignen sich auch Reis und Buchweizen.

• **Tip:** Sollte – was selten der Fall sein wird – mal etwas übrig bleiben, dann zaubern Sie am nächsten Tag eine tolle Gemüsesauce: Reste der Paella mit Wasser oder Gemüsebrühe im Mixer sehr fein pürieren, soviel Flüssigkeit zugeben, daß die richtige Saucenkonsistenz entsteht, mit Salz, Pfeffer und Curry würzen und erhitzen.

Nicht ganz einfach zuzubereiten, dafür aber sehr interessant sind die

Auberginen-Rouladen

200 g Grünkern	grob mahlen, in
300 ml Wasser	einige Stunden einweichen, mit
Kräutersalz,	
Basilikum	und
Thymian	würzen.
1 Zwiebel	fein hacken,
1 Knoblauchzehe	pressen, mit
1 EL Tomatenmark	gut verrühren, kräftig würzen,
frische Kräuter	fein hacken und alles mit dem Grünkern mischen.
2 – 3 Auberginen	längs in 0,5 cm dicke Scheiben schneiden, die Scheiben auf beiden Seiten leicht salzen, nach 10 Minuten trockentupfen, in reichlich
Öl	glasig braten. Die Auberginenscheiben mit der Grünkernfüllung belegen, einrollen, falls notwendig mit Stäbchen feststecken, in einer gefetteten Auflaufform bei 200° C 25 bis 30 Minuten backen.

Am besten schmeckt dazu die folgende frisch zubereitete Tomatensauce:

Tomatensauce

1 kleine Zwiebel	fein hacken,
1 – 2 Knoblauchzehen	pressen, beides in
Olivenöl	glasig dünsten,
300 g Tomaten	häuten, würfeln, 5 bis 10 Minuten mit der Zwiebel und dem Knoblauch köcheln lassen,
Basilikum	fein hacken, mit
Kräutersalz	und
Pfeffer	würzen, eventuell mit
Gemüsebrühe	verdünnen. Wer will, kann die Sauce noch pürieren.

• **Tip:** Statt Basilikum können Sie auch mit Oregano und/oder Thymian würzen.

• **Tip:** Ein Wort zu Zwiebel und Knoblauch: Sie sorgen angebraten für ein besonderes Aroma, das viele mögen. Hin und wieder lasse ich aber eines von beiden auch weg, die Sauce schmeckt dann anders, aber auch sehr gut.

Mangoldrollen

250 g Hirse	mit heißem Wasser abspülen, in
500 ml Gemüsebrühe	aufkochen, 5 Minuten kochen, 15 Minuten quellen lassen. Von
800 g großen Mangoldblättern	die Stiele abschneiden und für ein anderes Gericht beiseitelegen, die Blätter in
Salzwasser	kurz blanchieren, abtropfen lassen.
2 EL Öl,	
4 EL Hefeflocken	und
2 EL Buchweizenmehl	mit der Hirse vermengen,
2 Bund fein gehackte Kräuter,	
Kräutersalz	und
Schabzigerklee	untermischen. Die Mangoldblätter mit der Hirsemischung füllen, zusammenrollen, dicht nebeneinander in eine Auflaufform geben, mit etwas
Kräutersalz	bestreuen.
Gemüsebrühe	ca. 1 cm hoch in die Form gießen, ca. 30 Minuten mit geschlossenem Deckel dünsten.

• **Tip:** Sollten die Blätter zu schwach oder zu dünn sein, einfach zwei oder drei übereinanderlegen.

• **Tip:** Dazu passen Salat oder Mischgemüse.

Ganz ähnlich, aber typisch für den Winter sind:

Kohlrouladen

1 Weißkohl	von den unbrauchbaren äußeren Blättern befreien, rund um den Strunk einschneiden, in
Salzwasser	blanchieren, die Blätter nach und nach ablösen, dicke Rippen flach schneiden.
300 g Naturreis	in
600 ml Pilzbrühe	aufkochen und in ca. 30 Minuten garen,
1 Zwiebel	fein hacken, in
Öl	anbraten, zum fertigen Reis geben, mit
gehackten Kräutern, Kräutersalz, Rosenpaprika	und
gemahlenem Kümmel	würzen. Die Kohlblätter leicht salzen, die Reisfüllung darauf verteilen, einrollen, dicht nebeneinander in den Topf geben.
Gemüsebrühe	mit
1 EL Tomatenmark	verrühren, 1 cm hoch in den Topf gießen, und die Kohlrouladen in 15 bis 20 Minuten gar dünsten.

Als Füllung eignet sich auch Hirse oder gekochter Grünkernschrot.

Beim nächsten Kohlgericht bilden wieder die Nüsse das Tüpfelchen auf dem »i«, ein Gericht, das nicht nur bei Kohlliebhabern gut ankommt. Leider ist Grünkohl bei uns im süddeutschen Raum nicht immer erhältlich. Also, wenn Sie welchen sehen, sofort zugreifen und das folgende Gericht zubereiten.

Grünkohlpfanne

800 g Grünkohl	von Strünken und harten Blattrippen befreien, kleinschneiden.
1 Zwiebel	grob zerkleinern, in
Öl	glasig braten.
2 EL Nackthafer	und
2 EL Roggen	grob schroten,
30 g Haselnüsse	grob reiben, alles mit
2 EL Dinkelmehl	zu den Zwiebeln geben, mitrösten, dann den Grünkohl hinzufügen, kurz anbraten.
500 ml Gemüsebrühe	darübergießen, mit
Muskat	und
Pfeffer	würzen, knapp 15 Minuten dünsten, dabei alles gut durchmischen.

• **Tip:** Sehr fein schmecken angebratene Tofustreifen dazu, die man noch 5 Minuten mitgaren läßt.

Noch eine dritte Kohlsorte möchte ich als Gemüsegericht präsentieren, die sonst meist nur als Salat verwendet wird. Doch auch gekocht hat er seinen Reiz: der Chinakohl.

Chinakohl mit Äpfeln und Zwiebeln

1 kg Chinakohl	in nicht zu schmale Streifen und
250 g Zwiebeln	in Ringe schneiden.
1 Knoblauchzehe	klein hacken, mit den Zwiebeln in
3 – 4 EL Öl	anbraten.
250 g Äpfel	in Scheiben schneiden, zusammen mit den
	Kohlstreifen hinzufügen, mit
Salbei	und
Kräutersalz	würzen, in wenig
Wasser	10 Minuten dünsten.
30 g Sesam	in einer Pfanne ohne Fett anrösten, über den
	Chinakohl geben.

Den Chinakohl zu gekochtem Getreide, Reis oder Kartoffeln servieren.

Daß man den beliebten Wintersalat »Endivie« auch als Gemüse kochen
kann, wissen die wenigsten, doch der Versuch lohnt sich.

Endiviengemüse

1 kg Endiviensalat	die Salatköpfe vierteln, Strünke entfernen.
375 ml Wasser	aufkochen, Salat hineingeben, 5 Minuten
	leicht kochen, dann abtropfen lassen.
1 EL Erdnußöl	erhitzen,
30 g Roggenmehl	durchschwitzen lassen,
400 ml Gemüsebrühe	aufgießen und alles gut verrühren,
	5 Minuten kochen, mit
Salz,	
Curry	und
Zitronensaft	abschmecken, mit Majorankartoffeln
	servieren.

Fenchelgemüse

4 – 6 Fenchelknollen	halbieren,
250 g gemischtes	
Gemüse (Erbsen,	
Möhren, Bohnen)	klein würfeln, zusammen mit dem Fenchel
	in
500 ml Gemüsebrühe	mit dem
Saft einer Zitrone	15 bis 20 Minuten garen, der Fenchel muß
	noch bißfest sein. Fenchel herausnehmen.
250 ml Gemüsebrühe	in der Fenchelbrühe aufkochen,
50 g Naturreis	fein mahlen, mit dem Schneebesen schnell
	in die Brühe einrühren, vom Herd nehmen,
	über die Fenchelhälften gießen und mit
Tomatenachteln	garnieren.

Wer bei dem folgenden Eintopf noch die Nähe oder die Erinnerung an Fleisch aufrechterhalten will, kann vorgebratene Tofuwürfel dazugeben, ich serviere ihn ohne.

Pichelsteiner

500 g Kartoffeln, je 100 g Möhren, Sellerie, Lauch, Weißkohl Zwiebeln	und in grobe Würfel oder Scheiben schneiden, in eine gefettete Form schichtweise einfüllen, jede Schicht mit
Majoran, Kümmel, Salz Pfeffer Knapp 1 l Gemüsebrühe	und bestreuen. zugießen, im geschlossenen Topf ohne umzurühren 30 bis 40 Minuten garen, gut durchmischen, eventuell noch Gemüsebrühe zugießen. Abschmecken und mit
gehackten Kräutern	anrichten.

Die folgenden Pürees eignen sich gut als Beilagen zu Bratlingen, Getreide-oder Kartoffelgerichten.

Möhrenpüree

500 g Möhren	und
300 g Kartoffeln	würfeln, ca. 15 Minuten in
wenig Gemüsebrühe	dünsten.
1 Zwiebel	fein hacken, in
Öl	anbraten, alles zusammen pürieren, mit
Kräutersalz	würzen, eventuell noch
125 – 250 ml Gemüsebrühe	zugeben, alles gut durchmischen und warm servieren.

Etwas aufwendiger ist die Herstellung des Selleriepürees.

Selleriepüree

1 kg Sellerie	grob würfeln,
1 Knoblauchzehe	pressen, beides in
250 ml Gemüsebrühe	in 20 Minuten weich dünsten, anschließend pürieren.
3 EL Grünkern	sehr fein mahlen, darüberstäuben und unterrühren.
250 ml Sojamilch	erhitzen, mit dem Schneebesen einrühren, mit
2 EL Zitronensaft,	
1 TL Honig	und
Selleriesalz	würzen, unter ständigem Rühren bei kleiner Hitze auf der Platte etwas eindicken lassen,
1 EL Öl	und
Kräuter	einarbeiten.

Ein nicht gerade übliches Gericht, vielleicht gerade deshalb so gut und interessant:

Weißkrautpüree

500 g Weißkraut	fein raspeln,
2 Zwiebeln	fein würfeln, beides in
125 ml Pilzbrühe	5 Minuten kochen, anschließend pürieren,
3 – 4 EL weißen Traubensaft	und
1 – 2 EL Öl	einarbeiten, mit
Tomatenachteln	garnieren.

Unschlagbar im Geschmack ist das letzte Püree, aber leider ist der Zeitaufwand ziemlich hoch, denn Topinambur vorzubereiten dauert ein bißchen, selbst wenn er so frisch ist, daß er nicht geschält, sondern nur gebürstet werden muß. Doch wenn Sie im Winter etwas wirklich Tolles bieten wollen, sollten Sie die Mühe nicht scheuen.

Topinamburpüree

500 g Topinambur	gut bürsten, eventuell schälen, würfeln,
3 EL Öl	erhitzen, Topinambur andünsten, nach und nach
375 ml Wasser	zugießen, 30 bis 40 Minuten weich dünsten.
500 g Kartoffeln	weich kochen, schälen, mit dem Topinambur durch ein Sieb pressen, mit
Kräutersalz	würzen.

Auch aus Pilzen lassen sich herrliche Feinschmeckergerichte zaubern, wobei es durchaus nicht immer die teuersten Sorten sein müssen – obwohl auch Pfifferlinge durchaus ihren Reiz haben, wie wir noch sehen werden.

Champignon-Zwiebel-Kasserolle

400 g Zwiebeln	vierteln oder achteln,
400 g Möhren	scheibeln. Zwiebeln in
Öl	anbraten, Möhren 5 Minuten mitdünsten.
400 g Champignons	halbieren oder vierteln und noch
	10 Minuten mitgaren, mit
Koriander,	
Thymian,	
Salz	und
Pfeffer	würzen.

Kartoffeln in allen Variationen sind die ideale Ergänzung.

Das nächste Rezept paßt gut zu indischen Beilagen.

Ingwer-Champignons

3 EL Erdnußöl	erhitzen,
20 – 30 g Ingwer	reiben,
100 g Zwiebeln	klein würfeln,
1 Knoblauchzehe	pressen. Alles mit
1 Chilischote	
(getrocknet)	im Öl anbraten.
1 EL Kreuzkümmel	in einer Pfanne ohne Fett anrösten,
750 g Champignons	vierteln, mit dem gerösteten Kreuzkümmel
	zu den Zwiebeln und Gewürzen geben, mit
	gut 5 Minuten braten, mit
1 EL Zitronensaft	
Kräutersalz	abschmecken. Heiß oder kalt servieren.

Während Sie bisher kleine oder normal große Pilze verwenden konnten, brauchen Sie jetzt Champignons mit großen Köpfen, die Sie füllen können.

Gefüllte Champignons

	Von
12 – 16 großen Champignons	Stiele abschneiden, diese mit
200 g Champignons	klein würfeln, in
Öl	anbraten, mit
körniger Pilzbrühe	würzen.
150 g gekochten Reis	und
150 g Vollkornbrösel	dazugeben, mischen, kräftig mit
1 EL Tomatenmark, Paprikapulver,	
Salz	und
Pfeffer	würzen.
Basilikum	fein hacken und einarbeiten, die Champignonhüte damit füllen, in eine gefettete Auflaufform setzen,
Gemüsebrühe	ca. 0,5 cm hoch einfüllen, und bei 180° C 15 Minuten im Ofen backen.

• **Tip:** Da die großen Pilze nicht immer erhältlich sind, sollten Sie sie rechtzeitig bestellen.

Dazu können Sie eine Tomaten- oder Curry-Sauce (siehe Seite 127) mit Vollkornnudeln servieren, oder Sie essen die Pilze als leckere Vorspeise.

Nicht ganz billig, aber ihren Preis wert sind Pfifferlinge. Das nächste
Gericht können Sie aber auch mit Champignons zubereiten.

Pfifferlinge auf Blattspinat

1 kg Blattspinat,	
möglichst jung und zart,	in
wenig Wasser	andünsten, mit
Kräutern,	
Pfeffer,	
1 kleingehackten Zwiebel	und
1 – 2 EL Walnußöl	mischen.
500 g Pfifferlinge	in
2 – 3 EL Öl	anbraten, mit
Salz	und
Pfeffer	würzen. Spinat auf den Teller geben und mit den kurzgebratenen Pilzen bedecken. Mit einer roten Tomatensauce übergießen und mit Petersilienkartoffeln servieren.

Vollkornnudeln harmonieren gut mit Pilzen, so auch im folgenden Rezept.

Austernpilze in Salbeisauce mit Nudeln

1 Zwiebel	fein hacken, in
1 – 2 EL Öl	andünsten.
500 g Austernpilze	vom Strunk befreien, in nicht zu kleine Würfel schneiden, mitbraten.
2 – 3 EL Salbei	fein hacken, mit
125 ml Gemüsebrühe	übergießen, die Pilze bei mäßiger Hitze kurz darin ziehen lassen, mit
Salz	und
Pfeffer	abschmecken.

Dazu serviere ich:

Vollkornnudeln

150 g Dinkel	und
100 g Buchweizen	sehr fein mahlen, mit
6 EL Öl	und
15 EL Mineralwasser	zu einem knetfähigen Teig verarbeiten, mit
Kräutersalz	würzen, gut 30 Minuten quellen lassen, falls notwendig, noch etwas Öl und Wasser im gleichen Verhältnis zugeben, auf leicht eingeölter oder bemehlter Arbeitsfläche dünn ausrollen, einige Minuten trocknen lassen, in ca. 5 mm breite Streifen schneiden.
1,5 l Wasser	aufkochen,
Salz und 1 EL Öl	zugeben und die Nudeln garen.

Die Nudeln auf die Teller geben, die Pilze mit der Sauce darüber geben, mit Salbeiblättern und Tomatenachteln garnieren.

Pikante Kuchen, Pizzen und Pfannkuchen

Durch verschiedene Teigvarianten, durch immer andere Getreidearten, durch unterschiedliches Gemüse kann man über die vorgestellten Rezepte hinaus eine überraschende Vielfalt erreichen, die vergessen läßt, daß üblicherweise Eier und Käse eingesetzt werden.

Gedeckter Gemüsekuchen

220 g Weizen	und
120 g Roggen	fein mahlen, mit
gut 125 ml Wasser,	
20 g Hefe,	
60 g Reformmargarine	und
2 EL Olivenöl	zu einem geschmeidigen Teig verarbeiten, gut kneten und 60 Minuten ruhen lassen. Gut die Hälfte des Teigs in eine Springform geben, ausrollen, einen 3 cm hohen Rand formen.
50 g Zwiebeln,	
750 g Gemüse	
(Lauch, Möhren,	
Blumenkohl)	und
250 g Pilze	kleinschneiden, in
1 – 2 Öl	anbraten, in
wenig Flüssigkeit	knapp 15 Minuten dünsten, mit
Salz	und
körniger Gemüsebrühe	würzen,
frisch gehackte Petersilie	einrühren, abkühlen lassen und auf den Boden geben. Den restlichen Teig ausrollen, das Gemüse damit abdecken, kurz gehen lassen, mit der Gabel einige Male in den Teig stechen, bei 200° C ca. 45 Minuten backen.

- **Tip:** Falls Sie dickere Teigböden vorziehen, die Teigmenge geringfügig erhöhen.

- **Tip:** Hefeteige sollten immer kräftig geknetet werden, ideal ist eine Knetzeit von etwa 10 Minuten. Nach dem Gehen immer nochmals kurz durchkneten.

Zum nächsten Rezept muß ich Ihnen einfach eine Geschichte über die Entstehung erzählen. In einem Kochkurs für die Volkshochschule hatte ich eine Quiche Provençe mit Pilzen und Ananas vorgesehen. Mein Gemüsehändler hatte an diesem Tag ausnahmsweise keine Pilze, und ich bin in der ganzen Stadt herumgeirrt, bis ich die Pilze endlich hatte. Meine Mitarbeiterin richtete anschließend nach einer Liste die Zutaten zusammen, ich packte alles ins Auto und fuhr in die Nachbarstadt zum Kochkurs. Dort erläuterte ich den Teilnehmerinnen und Teilnehmern die Rezepte, verteilte die Zutaten und dachte, mich trifft der Schlag, als ausgerechnet die Pilze fehlten.

Was tun? Ich prüfte: Welches Gemüse ist mehr als ausreichend vorhanden, was könnte zu Ananas passen?

Möhren erschienen mir geeignet, allerdings mußte ich dann auch noch zwei andere Rezepte variieren, um genügend Möhren für die Quiche zu haben. Sehr neugierig wartete ich ab, wie der Kuchen mir und den TeilnehmerInnen schmecken würde, und alle waren schließlich begeistert! Ich hoffe, das trifft auch auf Sie zu.

Möhren-Ananas-Kuchen

250 g Weizen	und
100 g Roggen	fein mahlen, mit
20 g Hefe,	
200 ml Wasser,	
3 EL Öl	und
Kräutersalz	zu einem Teig verarbeiten, 5 bis 10 Minuten kneten, zugedeckt 30 Minuten ruhen lassen, nochmals kneten und kurz gehen lassen. Die Hälfte des Teigs auf dem Blech auswellen, dann den Rand formen; es muß noch genügend Teig für einen Deckel übrig bleiben.
750 g Möhren	putzen und nicht zu fein raspeln oder würfeln, im Gemüsesieb über
250 ml Gemüsebrühe	knapp 10 Minuten dünsten, gut abtropfen lassen.
350 g Ananas	schälen und würfeln. Möhren und Ananas mischen, mit
Kräutersalz	und
Pfeffer	würzen, auf den Boden geben, restlichen Teig zu einem Deckel ausrollen, Obst-Gemüse-Mischung damit bedecken, bei 200° C 50 bis 60 Minuten backen.

• **Tip:** Sie können natürlich auch nur Weizen für den Teig verwenden. Ich mische häufig den kräftigeren Roggen dazu. Interessant ist auch die Kombination mit Grünkern.

Natürlich darf hier das Originalrezept nicht fehlen: Hier ist es, ungewöhnlich in der Zusammensetzung, überraschend im Geschmack. Es erfordert den Mut der Köchin oder des Kochs, diesen Kuchen den Gästen zum ersten Mal anzubieten. Ich kann Ihnen nur ans Herz legen: Haben Sie diesen Mut, bieten Sie Ihren Gästen das Besondere, nämlich

Pilz-Ananas-Kuchen

150 g Dinkel,	
50 g Roggen	und
50 g Gerste	fein mahlen, mit
15 g Hefe,	
150 ml Wasser,	
2 EL Öl	und
Kräutersalz	zu einem Teig verarbeiten, 5 bis 10 Minuten kneten, zugedeckt 30 Minuten ruhen lassen, nochmals kneten und kurz gehen lassen. Die Hälfte des Teigs auf dem Blech auswellen, dann den Rand formen; es muß noch genügend Teig für einen Deckel übrig bleiben.
350 g Champignons	putzen und in nicht zu dünne Scheiben schneiden oder halbieren bzw. vierteln,
200 g Gemüsezwiebeln	in Streifen schneiden.
350 g Ananas	schälen und würfeln. Pilze, Zwiebeln und Ananas mischen, mit
Kräutersalz	und
Pfeffer	würzen, auf den Teig geben,

100 g Haselnüsse	fein reiben, in
2 EL Walnußöl	anbraten,
150 ml Gemüsebrühe	und
50 ml Apfelsaft	zugeben, mit
Cayennepfeffer,	
Pfeffer	und
Salz	würzen, kurz aufkochen lassen.
1 EL Pfeilwurzelmehl	einrühren, etwas abkühlen lassen und über die Pilz-Ananas-Mischung geben, bei 200° C 50 bis 60 Minuten backen.

Fast hätte ich auf gut schwäbisch gefragt: »Hads gschmeckt?« Doch da kann man zur Antwort bekommen: »Wanns scho gschmeckt häd, no häd is gar nemma gessa.« Denn schmecken auf schwäbisch heißt auch riechen, auch übel riechen. Also vornehm gefragt: »Hat es Ihnen gemundet?«

Sie werden fragen: »Steckrüben, kann man das essen?« Das folgende
Rezept beweist Ihnen: Sie sind ein Genuß!

Steckrübenkuchen

800 g Steckrüben	schälen und grob raspeln, mit
wenig Wasser,	
1 EL körniger Gemüsebrühe	ca. 10 Minuten dünsten, mit
Rosmarin, Curry,	
Paprikapulver, Pfeffer	und
Kräutersalz	würzen und abkühlen lassen.
300 g Weizen	und
50 g Haselnüsse	fein reiben, mit
60 ml Öl,	
120 ml Wasser,	
1 TL Honig	und
1 EL körniger Gemüsebrühe	kräftig verrühren, über die Mandel-Mehl-Mischung geben, vermischen und zwischen den Fingern zu Streuseln rubbeln. Eine Springform einfetten, zwei Drittel des Teigs hineingeben, festdrücken und einen kleinen Rand formen.
30 g Haselnüsse	und
30 g Weizen	fein mahlen, mit den abgekühlten Steckrüben mischen, auf den Boden geben, glatt streichen. Den restlichen Teig als Streusel darüberrubbeln. Im vorgeheizten Backofen bei 200° C gut 35 Minuten backen. Warm servieren.

• **Tip:** Einen Teil der Steckrüben können Sie auch durch Kürbis oder
   Möhren ersetzen. Den Kürbis dürfen Sie allerdings nur ganz kurz
   andünsten, sonst zerfällt er.

Pikanter Möhrenkuchen

250 g Weizen	fein mahlen, mit
150 g Reformmargarine,	
4 – 6 EL Wasser,	
Piment,	
Anis	und
Salz	zu einem glatten Teig verarbeiten, 30 Minuten ruhen lassen, dann in einer Springform ausrollen und einen Rand formen.
500 g Möhren	grob raspeln, in
Öl oder Gemüsebrühe	bißfest garen, abtropfen lassen.
250 g Äpfel	grob raspeln, mit
100 ml Apfelsaft	unter die Möhren mischen (die Masse sollte nicht zu feucht sein). Mit
Koriander,	
Anis	und
Salz	würzen, auf dem Boden verteilen, bei 180° C 30 bis 40 Minuten backen.

• **Tip:** Sie können die Margarine auch durch 4 bis 6 EL Öl ersetzen, sollten dann aber darauf achten, daß der Teig nicht zu feucht wird.

Zwiebelkuchen ist bei uns in Schwaben im Herbst eine besondere
Spezialität, besonders interessant ist

Provençalischer Zwiebelkuchen

250 g Weizen	fein mahlen, mit
80 ml Olivenöl,	
100 ml Wasser	und
Salz	gründlich zu einem festen Teig verkneten, in einer gefetteten Springform auswellen, Rand formen und bei 200° C ca. 15 Minuten vorbacken.
800 g Zwiebeln	fein würfeln, in
Olivenöl	3 Minuten anbraten, dann
2 – 3 EL Wasser,	
1 TL Essig,	
Thymian,	
Salbei,	
Rosmarin,	
6 Pimentkörner	und
2 Lorbeerblätter	zugeben und 10 Minuten garen, eventuell noch
etwas Wasser	zugeben.
500 g Tomaten	häuten und klein würfeln. Zwiebeln abtropfen lassen, Lorbeerblätter und Pimentkörner entfernen. Zwiebeln auf den vorgebackenen Boden geben, mit
Salz	und
Pfeffer	würzen, dann die Tomaten darübergeben.
1 – 2 Knoblauchzehen	sehr fein hacken und mit
10 – 15 Oliven	auf den Kuchen geben, bei 200° C weitere 20 Minuten backen.

Wie der Zwiebelkuchen, so schmeckt der folgende Kuchen – eigentlich mehr ein Brot – besonders gut im Herbst, und zwar zu Trauben oder Saft.

Aschenkuchen aus der Torraine

500 g Weizen	fein mahlen, mit
30 g Hefe,	
ca. 200 ml Wasser,	
50 ml Öl	und
Salz	zu einem Teig verarbeiten, gut 5 Minuten kneten, zugedeckt an einem warmen Ort ca. 30 Minuten gehen lassen.
100 g Walnüsse	grob hacken und während des zweiten Knetens gut in den Teig einarbeiten. Eine Kugel formen, diese auf das gefettete Backblech setzen, nochmals 45 Minuten gehen lassen. Dann die Oberfläche rautenförmig einschneiden. Im vorgeheizten Ofen bei 200° C ca. 45 Minuten backen, herausnehmen und mit
Wasser	bestreichen.

Natürlich dürfen in diesem Kapitel auch Pizzarezepte nicht fehlen. Falls Sie bei den Belagzutaten stutzen, geht es Ihnen so wie vielen meiner Gäste, wenn sie zum ersten Mal hören: Rettich als gekochtes Gemüse auf einer Pizza. Aber versuchen Sie doch einfach einmal die

Pizza Allerlei

400 g Dinkel	fein mahlen, mit
20 g Hefe,	
200 ml Wasser,	
4 EL Öl,	
Kräutersalz	und
2 EL Sesam	zu einem Hefeteig verarbeiten, 5 bis 10 Minuten kneten, ca. 30 Minuten ruhen lassen. Backblech einfetten und Teig darauf auswellen.
500 g Rettich	in Stifte schneiden,
500 g grüne Paprika	in Streifen schneiden, beides in
2 EL Öl	kurz anbraten, dann
150 ml Gemüsebrühe	zugießen und 10 Minuten dünsten. Mit
Basilikum,	
Oregano,	
Pfeffer	und
Kräutersalz	würzen, abtropfen lassen und auf dem Boden verteilen.
600 g Tomaten	in dünne Scheiben schneiden, Pizza damit bedecken, leicht mit
Kräutersalz	und
Pfeffer	würzen, bei 200° C ca. 30 Minuten backen.

• **Tip:** Ein Aufwand der sich lohnt: Ziehen Sie den Tomaten die Haut ab.

Und nun noch eine Pizza. Wieder ohne Käse? »Ja, geht denn das überhaupt?«, werden Sie sich fragen und: »Schmeckt das denn?«. Hier ist der schlagende Beweis:

Tofu-Mais-Pizza

500 ml Gemüsebrühe	aufkochen,
200 g Polenta	
(feiner Maisgrieß)	einstreuen, nochmals aufkochen und mindestens 20 Minuten auf ausgeschalteter Platte quellen lassen. Vor dem Erkalten in einer Form ca. 1 cm hoch verteilen, glatt streichen.
3 EL Sojasauce,	
1 TL Senf,	
1 EL Tomatenmark	und
2 TL Basilikum	zu einer Marinade verrühren,
400 g Tofu	in dünne Scheiben schneiden, mit der Marinade übergießen, hin und wieder wenden und 15 Minuten ziehen lassen, damit der Tofu gut mariniert wird.
2 – 3 Zwiebeln	in Ringe schneiden, in
Öl	andünsten.
500 g Tomaten	in Scheiben schneiden, auf den Maisboden legen, Tofuscheiben und Zwiebeln darüber legen. Mit
Pfeffer	würzen, restliche Marinade darübergießen, bei 180° C ca. 20 Minuten backen.

- **Tip:** Wenn Sie Oliven mögen, dann verteilen Sie noch 8 bis 10 klein-geschnittene Oliven über der Pizza. Oder bedecken Sie nur einen Teil der Pizza, wie ich es mache, denn meine Frau liebt sie und ich nicht.

105

Tomaten-Tofu-Pizza

250 g Weizen	fein mahlen.
350 ml Wasser	mit
1 EL körniger Gemüsebrühe	aufkochen, Weizenmehl einrühren, auf ausgeschalteter Platte quellen lassen, Springform einfetten, den noch warmen Getreideschrot hineingeben, glatt streichen und einen kleinen Rand bilden.
500 g Tomaten	halbieren, mit
1 EL Pilzbrühe,	
1 Zwiebel,	
1 gehackten Knoblauchzehe,	
wenig Wasser,	
Basilikum,	
Salz	und
Pfeffer	aufkochen, ca. 10 Minuten köcheln lassen, dann pürieren und
1 – 2 EL Hirsemehl	einrühren, damit eine streichfähige Creme entsteht.
300 g Tofu	mit
2 – 3 EL Gemüsebrühe,	
1 TL Senf	und
Salz	pürieren, auf den Boden streichen, darüber das Tomatenpüree verteilen.
1 Zwiebel	und
1 grüne Paprika	in Ringe schneiden und die Pizza damit belegen. Im Backofen bei 200° C ca. 30 Minuten backen.

Kohlrabiquiche mit Tofuguß

200 g Weizen	und
50 g Buchweizen	fein mahlen, mit
8 EL Öl,	
12 EL heißem Wasser	und
Kräutersalz	zu einem Teig verarbeiten, in der Form auswellen und einen Rand bilden.
800 g Kohlrabi	würfeln,
200 g gelben Kürbis	würfeln, beides in
Hefebrühe	gut 10 Minuten »al dente« dünsten, mit
Rosmarin,	
Paprikapulver	
Kräutersalz	und
	würzen, abtropfen lassen, auf den Boden geben.
400 g Tofu,	
200 ml Kohlrabi- oder	
Hefebrühe,	
2 EL Öl,	
Kräutersalz,	
Muskat	
Thymian	und
	im Mixer cremig schlagen, über das Gemüse geben, mit
Vollkornbrösel	bestreuen. Bei 200° C 40 bis 45 Minuten backen.

Lauchquiche

8 EL kochendes Wasser	mit
3 – 4 EL Öl	gut verrühren, bis die Flüssigkeit eine milchige Farbe bekommt,
150 g Weizen	und
100 g Grünkern	fein mahlen, Flüssigkeit darübergießen, mit
Salz	zu einem Teig verarbeiten. In einer Springform auswellen und einen Rand formen.
150 g Möhren	klein würfeln,
600 g Lauch	fein schneiden, zusammen in
1 – 2 EL Öl	leicht andünsten (der Lauch sollte noch nicht ganz zusammengefallen sein), abkühlen lassen, auf dem Teig verteilen. Lauchsud mit
Gemüsebrühe	auf gut 125 ml auffüllen, mit
2 EL Öl,	
Salz,	
Thymian,	
1 EL Sojasauce	und
1 gepreßten Knoblauchzehe	würzen.
300 g Tofu	im Mixer cremig schlagen, über das Gemüse streichen, mit
Semmelbrösel	bestreuen, bei 200° C ca. 40 Minuten backen.

Gemüselasagne

250 g Dinkel 3 EL Öl,	fein mahlen, mit
4 – 5 EL Wasser	und
1 TL Salz	zu einem glatten Teig verarbeiten. Eine Kugel formen, diese leicht mit Öl bestreichen, 30 Minuten ruhen lassen. Auflaufform einfetten, Teig in vier Stücke teilen, das erste Stück auswellen und in die Auflaufform geben.
250 g Möhren Gemüsebrühe Paprikapulver	in dünne Scheiben schneiden, 5 Minuten in andünsten, auf den Boden geben, mit bestreuen. Das zweite Teigstück auswellen und damit die Möhren bedecken.
250 g Lauch Öl	in Streifen schneiden, in anbraten, gut 5 Minuten dünsten, auf den Teig geben, mit
Pfeffer	bestreuen. Dann das dritte Teigstück auswellen und den Lauch damit bedecken.
250 g Sellerie Gemüsebrühe Kräutersalz	in dünne Scheiben schneiden, in gut 5 Minuten andünsten, mit bestreuen. Das vierte Teigstück auswellen und den Sellerie damit abdecken.
250 ml Gemüsebrühe 1 EL Pfeilwurzelmehl	aufkochen, in wenig Wasser anrühren, mit der Gemüsebrühe verquirlen, köcheln lassen, bis die Brühe anfängt einzudicken, dann über die Lasagne gießen, mit
2 EL grob gehackten Nüssen	bestreuen und bei 200° C 30 bis 40 Minuten backen. Mit einer Gemüsesoße servieren.

Pfannkuchen ohne Eier sind nicht ganz einfach zuzubereiten, Sie sollten daher anfangs nur kleinere ausbacken, diese lassen sich leichter wenden. Wählen Sie außerdem Getreide mit hoher Bindekraft wie Dinkel oder auch Buchweizen oder kombinieren Sie zumindest mit diesen Getreidearten.

Dinkelpfannkuchen

200 g Dinkel	und
50 g Buchweizen	sehr fein mahlen, mit
knapp 500 ml Mineralwasser	und
Salz	zu einen Teig verrühren, gut 30 Minuten quellen lassen. In
Öl	langsam kleine Pfannkuchen ausbacken.

Wenn Sie Süßes dazu essen wollen, können Sie noch einen oder zwei Teelöffel Honig in den Teig geben, aber Vorsicht, der Pfannkuchen bräunt dann schneller.

• **Tip:** Raspeln Sie noch einen Apfel in den Teig, schmecken Sie mit Vanille und Zimt ab, und Sie haben vorzügliche Apfelpfannkuchen.

Eigenwillig, aber gut schmecken die aus Maismehl hergestellten
mexikanischen Tortillas.

Maistortillas

50 g Weizen	fein mahlen, mit
200 g Maismehl,	
600 ml Wasser, 3 EL Öl,	
Koriander	und
Salz	gut verrühren. Zugedeckt 2 Stunden quellen lassen. Der Teig sollte eine suppenartige Konsistenz haben.
Erdnußöl	stark erhitzen, Teig in die Pfanne geben, bei hoher Hitze so lange backen, bis die Oberseite fest wird und sich die Tortilla leicht vom Boden lösen läßt, umdrehen und fertigbacken.

Reispfannkuchen mit Kreuzkümmel

125 g Reis	fein mahlen, mit
125 g Vollkorngrieß	und
375 ml Wasser	in die Schüssel geben, 3 bis 4 Stunden quellen lassen.
1 – 2 Frühlingszwiebeln,	
1 TL grob gehackten	
Kreuzkümmel	und
Salz	zugeben, gut verrühren, eventuell noch
Wasser	hinzugeben, der Teig sollte dünnflüssig sein.
Öl	in einer Pfanne erhitzen, Teig hineingeben, 3 Minuten backen, etwas Öl um den Rand des Pfannkuchens träufeln, noch 1 bis 2 Minuten weiterbacken, wenden und fertigbacken.

Wie das vorige, so ist auch das nächste Gericht der indischen Küche entlehnt, hier ist aber nicht Getreide die Grundlage, sondern es sind geriebene Hülsenfrüchte.

Wenn Sie andere Gewürze verwenden, also eventuell nur Salz, Pfeffer und Muskat, verlieren die Pfannkuchen alles Exotische und können wie normale Pfannkuchen verwendet werden.

Kichererbsenpfannkuchen

250 g Kichererbsen	fein mahlen, mit
400 ml Wasser	zu einem glatten Teig verrühren.
100 g Zucchini	sehr fein raspeln,
1 EL Ingwer	fein hacken,
1 Peperoni	ebenfalls fein hacken.
Paprikapulver	und
Salz	unterrühren, in heißem
Öl	ausbacken, während des Backens noch Öl dazugeben, wenden und fertigbacken.

Bitte üben Sie erst ein bißchen, bevor Sie diese Pfannkuchen das erste Mal Ihren Gästen präsentieren, damit es Ihnen nicht so geht wie mir. Beim ersten Mal hat alles glänzend geklappt, doch beim zweiten Mal sind mir nur die Hälfte der Pfannkuchen gelungen. Da im Lokal die Gäste schon warteten, war ich nicht geduldig genug gewesen und habe meist zu früh versucht, die Pfannkuchen zu wenden, und das ging schief. Aber: Erfahrung macht klug.

- **Tip:** Entwickeln Sie beim Kochen Phantasie und Mut. Anfangs jedoch sollten Sie sich bei den Rezepten – bis Sie genügend Sicherheit haben – doch an die Mengenangaben halten.

Hülsenfrüchte

In einem Restaurant ist es sehr wichtig, wie man die Gerichte bezeichnet. Nennt man ein Gericht zum Beispiel Pilaw, ist es meist nicht so gefragt, wie wenn es Eintopf oder Bohnentopf hieße.

Doch beim jetzt folgenden Gericht will ich bereits durch den Namen deutlich machen, woher es kommt, nämlich aus der arabischen Küche.

Pilaw mit Azukibohnen

200 g Azukibohnen	über Nacht einweichen, im Einweichwasser ca. 60 Minuten weich kochen,
200 g Naturreis	in
400 ml Wasser	in gut 20 bis 25 Minuten weich kochen.
2 EL Rosinen	und
3 EL Pinienkerne	10 Minuten mitkochen, alles ausquellen lassen,
1 – 2 Knoblauchzehen	zerdrücken,
15 g Ingwer	frisch reiben, mit
4 EL gehackter Petersilie,	
1 TL Kurkuma,	
1 TL Kreuzkümmel,	
1 TL Rosenpaprika,	
1 Chilischote	und
Piment	gut mischen.
1 Zwiebel	würfeln,
2 Tomaten	häuten, grob hacken.
2 EL Öl	erhitzen, Gewürzmischung darin kurz anbraten. Zwiebel und Tomaten zugeben, dann zusammen mit dem Reis zu den Bohnen geben. Alles bei geringer Hitze 10 Minuten durchziehen lassen, gut mischen und mit
Petersilie	bestreuen.

Auf Rot lassen wir Grün folgen, kommen also zur Mungbohne. Sie wird bevorzugt im Winter zum Keimen verwendet, schmeckt aber auch gekocht sehr lecker, besonders in der

Mungbohnen-Tomaten-Kasserolle

250 g Mungbohnen	über Nacht quellen lassen,
frisch gehackten	
Salbei	hinzufügen, in 30 Minuten weich kochen, mit
Kräutersalz	würzen.
250 g tiefgefrorene	
Maiskörner	in
1 EL Öl	anbraten,
4 EL Wasser	zugießen, ca. 10 Minuten kochen, mit
Rosmarin	und
Salz	würzen.
400 g Tomaten	häuten, mit
2 EL Akazienhonig	und
Salz	pürieren, unter die Bohnen mischen. Abwechselnd die Tomaten-Bohnen-Mischung und den Mais in eine Kasserolle schichten.
2 EL Öl	erhitzen,
60 g Bulgur oder	
Vollkornbrösel	darin bräunen und mit
Paprikapulver	über die Kasserolle streuen. Im Backofen bei mittlerer Hitze 15 bis 20 Minuten überbacken.

Nun fehlt unter den bei uns üblicherweise erhältlichen asiatischen Bohnenarten nur noch die gelbe Sojabohne, die gleichzeitig auch die bekannteste ist. Dazu ein guter Rat: Es ist sehr aufwendig, Sojabohnen zu kochen, deshalb sollten Sie immer eine größere Menge zubereiten. Mit dem Kochwasser bedeckt halten sie sich im Kühlschrank zugedeckt mindestens fünf Tage.

Buntes Bohnenragout

200 g Sojabohnen	in
1 l Wasser	über Nacht einweichen, Einweichwasser unbedingt wegschütten, die Bohnen gut abspülen. Mit
400 ml Wasser	und
1 EL Öl	2 Stunden kochen (mit Dampfdruck in 30 Minuten), abtropfen lassen,
150 g grüne Bohnen	in ca. 4 cm lange Stücke schneiden, gut 15 Minuten kochen,
1 EL Öl	erhitzen,
1 Zwiebel	fein schneiden, im Öl glasig braten.
200 g Champignons	je nach Größe halbieren oder vierteln,
200 g Möhren	in lange schmale Stifte schneiden,
200 g Bleichsellerie	in dünne Scheiben schneiden, alles 5 Minuten mitbraten.
3 EL Weizenmehl	mit wenig
Wasser	anrühren und mit den grünen Bohnen und den Sojabohnen zum restlichen Gemüse geben. Alles noch 3 Minuten kochen.

Wenn Sie beim vorigen Rezept schon die doppelte Menge Sojabohnen gekocht haben, geht das nächste Rezept ganz schnell.

Bohnen-Zwiebel-Gemüse

400 g kleine Zwiebeln	vierteln, in
4 EL Olivenöl	anbraten, im geschlossenen Topf 10 Minuten dünsten.
200 g gekochte gelbe Sojabohnen,	
1 TL Honig	und
1 EL körnige Gemüsebrühe	hinzufügen, unter Rühren in 2 bis 3 Minuten etwas anbräunen, mit
4 – 5 EL weißem Traubensaft	ablöschen, mit
Thymian	und
Pfeffer	abschmecken, mit
Petersilie	bestreuen.

Dazu passen Kartoffeln in vielen Variationen, zum Beispiel afrikanische Bratkartoffeln (siehe Seite 66).

Ein Kapitel ohne Linsen ist für mich fast undenkbar, hier also Linsen pikant. Daß man sie auch anders zubereiten kann, sehen wir später.

Linsen mit Backpflaumen

200 g Pflaumen (getrocknet und ungeschwefelt)	in
500 ml Wasser	über Nacht einweichen und gut 15 Minuten kochen.
375 g Linsen	einige Stunden in
1,25 l Wasser	einweichen.
1 Möhre	raspeln,
1 Lauchstange	kleinschneiden, alles aufkochen, in knapp 40 Minuten weich kochen. Dann das Pflaumenwasser zu den Linsen geben, mit
Salz, Pfeffer, Thymian, 2 EL Essig	und
1 TL Honig	würzen.
2 Zwiebeln	klein hacken, in
Öl	anbraten,
50 g gekochte Sojabohnen	mitbraten,
1 Bund Petersilie	fein hacken, mit den Zwiebeln und den Bohnen unter die Linsen mischen. Die Linsen mit Backpflaumen garnieren.

Ich glaube, nun habe ich einen geeigneten Übergang zu meinen Lieblingsgerichten und der indischen Art zu kochen gefunden und fahre fort mit der

Vollwertküche
indisch inspiriert

Ich bleibe weiterhin bei den Hülsenfrüchten:

Kichererbsengemüse

150 g Kichererbsen	über Nacht einweichen und im Einweichwasser in ca. 90 Minuten weich kochen (unter Dampfdruck ca. 30 Minuten).
1 EL körnige Gemüsebrühe, Pfeffer, Curry, Chili, Koriander, Nelken	und
Kreuzkümmel	in
2 EL Öl	anbraten.
1 Tomate	würfeln,
400 g Gemüse (Möhren, Kohl, Lauch, Sellerie etc.)	kleinschneiden, mit der Gewürzmischung zu den Kichererbsen geben und die letzten 15 Minuten mitkochen lassen.
1 EL Weizenmehl	in etwas
Wasser	verrühren und dazugeben. Das Gericht mit
1 – 2 EL Kokosraspeln	bestreut servieren.

Wie zu fast allen indischen Gerichten paßt auch hierzu Reis. Schneller läßt sich das Gericht zubereiten, wenn man statt der Kichererbsen Linsen verwendet; durch Hinzufügen von Rosinen oder Kürbiskernen wird das Gericht noch schmackhafter.

Auch beim folgenden Rezept ist die Verbindung Hülsenfrüchte und
Gemüse besonders wertvoll.

Indisches Bohnen-Kürbis-Curry

300 g Azukibohnen	in
1 l Wasser	über Nacht einweichen, mit
Ingwer	würzen und aufkochen, in knapp
	90 Minuten weich kochen.
2 Knoblauchzehen	grob hacken, mit
1 getrockneten Chilischote,	
Kurkuma,	
2 Nelken,	
5 Pimentkörnern,	
Kreuzkümmel	und
Zimt	im Mörser zerstoßen (man kann auch
	gemahlene Gewürze nehmen) in
2 EL Öl	5 Minuten braten.
500 g Kürbis	schälen und in 1 cm große Würfel
	schneiden.
1 Zwiebel	klein würfeln,
1 grüne Peperoni	fein schneiden, mit Kürbis und Zwiebel in
3 EL Öl	anbraten.
1 Tomate	pürieren, mit dem
Saft einer halben Zitrone	zugedeckt 15 Minuten dünsten.
	Mit den Bohnen, dem Kürbis und der
	Gewürzmischung vermengen, mit
Kräutersalz	abschmecken, bei geringer Hitze 5 Minuten
	durchziehen lassen.
2 EL Sesam	ohne Fett anrösten und über das Bohnen-
	Kürbis-Curry streuen.

• **Tip:** Statt Kürbis eignen sich auch Zucchini gut für dieses Gericht.

Gerade als ich dieses Kapitel bearbeite, stellt mich meine Frau vor ein kleines Problem. Sie möchte indisch essen, doch da wir an diesem verlängerten Wochenende eigentlich wandern wollten, ist der Kühlschrank ziemlich leer. Ich finde einen Rettich, zwei Möhren, eine kleine Paprika und zwei Frühlingszwiebeln, dazu noch einen Rest von Basmatireis, der aber kaum für zwei Personen ausreichen dürfte, außerdem haben wir noch etwas Obst und natürlich Linsen im Haus. Was tun? Hier mein Vorschlag für vier Personen:

Indisches Apfelgemüse mit Linsenreis

100 g Basmatireis	in
400 ml Wasser	aufkochen und gut 50 Minuten köcheln lassen. Nach 30 Minuten
100 g rote Linsen,	
2 – 3 Nelken	und
1 Kapsel Kardamom	hinzufügen und mitkochen, mit
Paprikapulver,	
Salz,	
Pfeffer	sowie
Zimt	würzen. Während des Kochens das Apfelgemüse vorbereiten. Dafür
2 – 3 Frühlingszwiebeln	in Ringe schneiden,
1 Peperoni,	
1 Knoblauchzehe	und
1 Stück Ingwer	kleinschneiden. Alles in
3 EL Öl	anbraten,
Zwiebelsamen	und
Korianderkörner	hinzufügen und mitbraten.
1 großen Rettich	halbieren und in Stücke schneiden,
3 – 4 Möhren	in etwas kleinere Stücke schneiden,
1 grüne Paprika	in Streifen schneiden,

2 – 3 milde Äpfel	in dünne Stücke schneiden und zu den Zwiebeln geben, kurz unter Rühren anbraten und dann
gut 250 ml Gemüsebrühe	zugeben, das Ganze gut 10 Minuten kochen lassen, mit
Kurkuma, scharfem Paprikapulver, Curry, Pfeffer	und
Salz	würzen und zusammen mit dem Linsenreis servieren.

Blumenkohl indisch ist einfach ein Gedicht, aber bevor ich zu sehr ins Schwärmen komme, schnell die nächsten Rezepte.

Bei den meisten Rezepten habe ich die Schärfe der Gerichte unserem europäischen Gaumen angepaßt, in Indien wird meist sehr viel schärfer serviert. Aber es ist eine angenehme Schärfe, die durch Reis oder Fladenbrot gemildert werden kann. Sie führt auch nicht zu einem übermäßigen Durstgefühl, wie es der Fall ist, wenn zum Beispiel zuviel Salz verwendet wird.

Sehr scharf liebe ich das folgende Gericht, das ich nur warm, aber nicht heiß genieße – also typisch indisch.

Rettich-Kartoffel-Curry

4 – 5 rote Rettiche	in schmale lange Stifte schneiden,
4 Kartoffeln	längs vierteln oder achteln.
½ TL Chilipulver,	
1 TL Kurkuma,	
Salz	und
1 TL Honig	mischen und kurz ziehen lassen.
5 EL Erdnußöl	sehr heiß werden lassen.
2 – 3 Lorbeerblätter,	
1 TL Kreuzkümmel	und
2 ganze Chilischoten	ins Öl geben (Vorsicht, es kann spritzen!). Kartoffeln im Öl anbraten und 10 Minuten dünsten, dann die Rettiche und die Honig-Gewürz-Mischung zugeben, weitere 10 Minuten mitdünsten. Wenn die Kartoffeln weich sind, mit
Kardamom,	
Nelken	und
Zimt	abschmecken.

• **Tip:** Um die Schärfe zu mildern, kann man mild gewürzten Reis dazu servieren.

Gewürzte Blumenkohlröschen

1 Blumenkohl	in nicht zu kleine Röschen teilen.
2 EL Öl,	
1 TL Kreuzkümmel,	
¼ TL Chilipulver,	
1 TL Kurkuma,	
Kardamom,	
Nelken,	
Zimt,	
1 TL Honig	und
1 EL Zitronensaft	in etwas Wasser zu einer Paste verrühren,
½ TL Kreuzkümmel	dazugeben, Röschen darin wenden, ca.
	20 Minuten durchziehen lassen.
2 EL Öl	erhitzen, Röschen darin anbraten, Topf
	schließen, im Backofen bei 180° C
	15 bis 20 Minuten backen, dann die Hitze
	auf 120° C reduzieren, weitere 30 Minuten
	backen, warm servieren.

Spinat indisch

	Von
1 kg Spinatblättern	die dicken Stiele abschneiden.
2 EL Erdnußöl	sehr heiß werden lassen,
1 TL Senfsamen	und
1 – 2 getrocknete	
ganze Chilischoten	ins Fett geben, kurz anrösten.
1 Zwiebel	kleinschneiden, dazugeben, nach
	einigen Minuten den Spinat hinzufügen.
	Deckel schließen, kurz dünsten, dann die
	Hitze verringern, Deckel öffnen, Flüssigkeit
	etwas verdunsten lassen, mit
Kräutersalz	abschmecken.

Und natürlich dürfen auch in diesem Kapitel die Bananen nicht fehlen, also
wie wär's mit folgender Kreation?

Bananenragout
mit Gewürzreis in Currysauce

2 Zwiebeln	nicht zu fein würfeln oder in Ringe schneiden,
1 Knoblauchzehe	zerdrücken,
1 – 2 grüne Paprika	klein würfeln,
eine halbe Peperoni	sehr fein hacken,
2 – 3 Tomaten	würfeln (eventuell vorher häuten). Zwiebeln und Knoblauch in
Öl	andünsten, Paprika zugeben, nach 2 bis 3 Minuten
3 Bananen	in Scheiben schneiden, dazugeben und gemeinsam mit den Tomaten einige Minuten mitdünsten, mit
Piment, Kardamom	und
Rosenpaprika	würzen und mit
Zitronenmelisse	garnieren.

Gewürzreis

300 g Naturreis	in kaltem Wasser waschen, 15 Minuten quellen lassen, Wasser abgießen, Reis abtropfen lassen.
750 ml Wasser	mit
1 halbierten Zwiebel,	
1 TL Zwiebelsamen,	
1 TL Kreuzkümmel,	
3 Kardamomkapseln	und

126

1 – 2 Chilischoten	aufkochen, zugedeckt 20 Minuten köcheln lassen, anschließend die Gewürze abseihen und aufbewahren (sie können nochmals verwendet werden).
30 g Öl	erhitzen, Reis vorsichtig darin verrühren, Gewürzwasser dazugeben und den Reis in gut 20 Minuten weich kochen, nach Geschmack
Salz	oder
körnige Gemüsebrühe	zugeben.

• **Tip:** Verwenden Sie nicht einfach Langkornreis, sondern Basmatireis.

Currysauce

500 ml Gemüsebrühe	aufkochen,
30 g Dinkelmehl	mit dem Schneebesen klumpenfrei einrühren, 5 bis 10 Minuten köcheln lassen.
Saft einer halben Orange,	
1 TL Kurkuma,	
1 TL Curry,	
Kräutersalz	und
Pfeffer	zugeben, alles gut verrühren.

• **Tip:** Mein Serviervorschlag: Mit einer Tasse oder einem Portionierer den Reis als Halbkugel in die Tellermitte setzen. Das bunte Bananenragout um den Reis herumlegen und die gelbe Sauce um die Kugel gießen.

Die Gewürze und die Kokosraspeln prägen das nächste Gericht.

Ingwer-Kokos-Gemüse

6 EL Öl	erhitzen.
1 Zwiebel	fein hacken, mit
Kreuzkümmel,	
Koriander,	
Kurkuma,	
Pfeffer	und
Cayennepfeffer	hellbraun rösten.
1 Knoblauchzehe	fein hacken,
3 EL Ingwer	reiben, beides 2 Minuten mitrösten,
3 EL Tomatenpüree	und
2 EL geriebene Mandeln	hinzufügen, kurz mitkochen lassen.
2 Kartoffeln	vierteln und unterrühren, knapp 10 Minuten dünsten.
1 kg gemischtes Gemüse	kleinschneiden,
50 g Kokosflocken,	
150 ml Wasser	und
Salz	zugeben, knapp 15 Minuten kochen, mit
Kardamom	und
Piment	bestreut servieren.

Was trinkt man zu indischem Essen? Natürlich Tee, aber welchen?
Hier mein Vorschlag:

Gewürztee

1 l Wasser	mit
2 Stück Zimtrinde,	
einigen Nelken	und
2 – 3 Kardamomkapseln	20 Minuten kochen, Gewürze abseihen.
	Wasser nochmals aufkochen,
4 – 6 TL Schwarztee	damit überbrühen, 3 bis 5 Minuten ziehen
	lassen, mit
Honig	servieren.

Anläßlich eines indischen Abends mit einem indischen Koch in der
»Salatschüssel« haben wir den Tee gratis zum Menü serviert und sind mit
Teekochen kaum nachgekommen, denn nicht wenige Gäste haben acht bis
zehn Tassen und mehr davon getrunken. Denn von diesem Tee können Sie
nie genug bekommen. Doch wenn es zuviel wird, haben Sie, wie einige
meiner Gäste, Probleme mit dem Einschlafen.

Zum Schluß möchte ich noch eine weitere Reiszubereitung vorstellen, bei der es sich gleich um eine komplette Mahlzeit handelt.

Gemüsereis indisch

300 g Naturreis	20 bis 30 Minuten in doppelter Wassermenge einweichen und gut 20 Minuten kochen. Währenddessen
6 EL Öl	erhitzen,
1 kleingehackte Knoblauchzehe,	
1 TL Kreuzkümmel,	
1 TL Senfkörner,	
Kurkuma,	
Ingwer,	
Cayennepfeffer,	
Zimt	und
Koriander	einige Minuten darin anbraten.
500 g Auberginen	würfeln,
100 g Frühlingszwiebeln	in Ringe schneiden,
200 g grüne Bohnen	in 3 bis 4 cm lange Stücke schneiden,
200 g Tomaten	würfeln, alles zu den Gewürzen geben und anbraten. Die Hälfte des gekochten Reis in eine Auflaufform geben, darauf das angebratene Gemüse geben, den übrigen Reis mit
Nüssen	und
Rosinen	mischen (Menge nach Geschmack), über das Gemüse geben, zugedeckt 35 bis 40 Minuten bei 200° C backen.

Getreidegerichte

Getreide, roh oder gekocht, bildet einen zentralen Bestandteil der
Vollwertküche.

Als ich das folgende Gericht in der »Salatschüssel« zum ersten Mal
angeboten habe, entstand mehr oder weniger ungewollt eine ungewöhn-
liche Form. Zwei Stammkundinnen überlegten gemeinsam, an was sie
diese Gemüsetaschen nur erinnern. Bald hatten sie die Lösung und
benannten das Gericht neu. Sie bestellten seither keine Gemüsetaschen
mehr, sondern »vegetarische Schildkröten«.

Gemüsetaschen

500 g Weizen	fein mahlen,
1 EL Öl	und
1 TL Honig	mit
20 g Hefe,	
320 ml Wasser	und
Salz	zu einem glatten Teig kneten und
	30 Minuten ruhen lassen.
	In der Zwischenzeit
800 g Gemüse	
(Möhren, Sellerie,	
Kohl, Fenchel etc.)	kleinschneiden oder würfeln, in
125 ml Gemüsebrühe	15 Minuten köcheln lassen.
40 g Hafer	zu Flocken quetschen oder grob schroten,
	zum Gemüse geben, nochmals aufkochen,
	von der Platte nehmen und etwas abkühlen
	lassen. Teig nochmals durchkneten, dann zu
	viereckigen oder runden Platten auswellen,
	Gemüse darauf verteilen, Teig übereinander-
	schlagen oder eine zweite Teigplatte über
	das Gemüse legen, Ränder mit Wasser
	bestreichen und fest zusammendrücken, auf
	ein leicht gefettetes Backblech legen, ca.
	40 Minuten bei 200° C backen, mit
	Kräutersauce (siehe folgende Seite)
	servieren.

Kräutersauce

60 g Roggen	fein mahlen.
500 ml Gemüsebrühe	aufkochen, Mehl mit dem Schneebesen klumpenfrei einrühren, 5 Minuten kochen.
1 Bund gemischte Kräuter	mit dem Wiegemesser fein wiegen, in die Sauce geben, mit
Curry, Paprikapulver	
Kräutersalz	und abschmecken.

Die Sauce kann man auch gut zum gefüllten Getreidebraten (siehe Seite 135) reichen.

Wie fein Hefegebäck auch pikant schmecken kann, beweist das nachfolgende Rezept aus Afghanistan, das mir eine von dort stammende Mitarbeiterin verriet. Allerdings kannte sie nur Weißmehl und war sehr skeptisch, ob das Rezept mit Vollkornmehl überhaupt funktionieren und wie das Gebäck dann schmecken würde. Nun, auf alle Fälle anders, als sie es gewohnt war, aber gut, bestätigte sie mir, und meine Gäste gaben ihr recht.

Afghanische Hefetaschen

500 g Weizen	fein mahlen, mit
40 g Hefe,	
Salz,	
250 ml Wasser	und
4 EL Öl	zu einem glatten Teig kneten, einen Kloß formen, zugedeckt 60 Minuten gehen lassen.
500 g Kartoffeln	in gut 25 Minuten weich kochen und durch eine Kartoffelpresse drücken.
2 Stangen Lauch	in feine Streifen schneiden,
1 Zwiebel	fein würfeln,
2 – 3 Knoblauchzehen	pressen. Kartoffeln, Lauch, Zwiebel und Knoblauch mischen, mit
Salz	und
Pfeffer	kräftig würzen. Teig in Platten mit 20 cm Durchmesser dünn auswellen. Eine Hälfte mit der Kartoffelmasse bestreichen, einen Rand freilassen, die zweite Hälfte darüberschlagen. Ränder gut zusammenpressen und in der Pfanne mit
wenig Fett	auf beiden Seiten je 5 Minuten backen.

Gut schmeckt auch die russische Variante, die Wariniki, die wir immer in der russischen Teestube auf Rügen genießen. Hier sind noch kleingeschnittene Pilze in der Füllung, und dazu werden angebratene Pilze serviert.

134

Gefüllter Getreidebraten

200 g Weizen	und
100 g Buchweizen	mittelfein mahlen.
600 ml Wasser	aufkochen, das Mehl einrühren, nochmals aufkochen und quellen lassen.
500 g Gemüse (Erbsen, Paprika, Möhren)	klein würfeln, in
Öl	leicht andünsten, in den noch heißen Getreideschrot einrühren. Mit
Salz, Pfeffer, Oregano	und
körniger Gemüsebrühe	abschmecken. Die Hälfte der Masse in eine gefettete Auflaufform geben.
2 Gurken	in Scheiben schneiden, auf die Masse legen, mit
Dillspitzen	bestreuen. Darauf die restliche Getreide-Gemüse-Mischung geben, im Backofen bei 200° C ca. 60 Minuten garen.

Weizenschrot-Topf

400 g Kohlrabi,	
200 g Zucchini	und
200 g Möhren	kleinschneiden,
1 Knoblauchzehe	sehr fein schneiden, alles in
1,5 l Gemüsebrühe	sowie
50 g Tomatenmark	aufkochen, 15 Minuten köcheln lassen.
200 g Weizen	grob schroten, kräftig einrühren, mit
Selleriesalz,	
Estragon	und
Rosmarin	würzen.
1 Zwiebel	hineinreiben, weitere 5 Minuten köcheln lassen.
300 g Tomaten	vierteln,
Petersilie	fein hacken, beides unterziehen, eventuell noch Gemüsebrühe nachgießen, sofort servieren.

- **Tip:** Statt Weizen können Sie auch sehr gut Roggen, Gerste oder Grünkern nehmen, bei Beachtung der entsprechenden Einweichzeit sind auch die ganzen Körner verwendbar. Wie beim vorigen Rezept können Sie auch hier anderes Gemüse, zum Beispiel Sellerie, Lauch, Blumenkohl, Weißkraut, Wirsing, Rosenkohl oder Paprika, verwenden. Sie können auch Pilze oder kleine geviertelte Zwiebeln hinzufügen – kurzum, aus diesem einen Rezept entstehen 20 bis 25 verschiedene Gerichte.

Dasselbe gilt auch für die Getreide-Gemüse-Pfanne, von der ich Ihnen eine Version vorstellen möchte.

Grünkern-Möhren-Pfanne

200 g Grünkern	in
500 ml Wasser	einige Stunden einweichen, dann mit
1 EL körniger Gemüsebrühe	aufkochen, in gut 30 Minuten weich kochen und auf der ausgeschalteten Platte quellen lassen.
800 g Möhren	in schmale Stifte schneiden,
1 Lauchstange	in schmale Ringe schneiden, beides in
Öl	anbraten, mit wenig
Gemüsebrühe	in ca. 15 Minuten bißfest dünsten, mit
Majoran,	
Rosmarin,	
Salz	und
Paprikapulver	würzen.
1 Bund Schnittlauch	kleinschneiden, mit dem noch warmen Grünkern zum Gemüse geben, alles durchmischen, abschmecken.

- **Tip:** Roggen, Weizen, Dinkel und Gerste sollten Sie immer einige Stunden, am besten über Nacht, einweichen, ohne Salz weich kochen, erst kurz vor Ende der Kochzeit würzen und – wenn genügend Zeit ist – noch nachquellen lassen. Grünkern, Reis, Buchweizen, Hafer und Hirse brauchen nicht oder nicht lange eingeweicht zu werden, Hirse sollten Sie vorher aber immer im Sieb heiß abspülen.

Für mich als Schwabe gehören Spätzle einfach in die Vollwertküche, wenn auch die eifreie Version nicht ganz einfach zuzubereiten ist. Sie kleben leicht zusammen, aber mit ein wenig Übung klappt es ganz gut. Die Salbeispätzle passen gut zu Pilzgerichten. Gut schmecken die Spätzle auch mit gebratenen Selleriescheiben und Kartoffelsalat.

Salbeispätzle

500 g Dinkel	fein mahlen, mit
knapp 500 ml Wasser	und
20 g Hefe	glattrühren, 30 Minuten quellen lassen.
Frischen Salbei	sehr fein hacken, mit
Kräutersalz	in den Teig rühren.
2 – 3 l Salzwasser	mit
2 EL Öl	aufkochen, Spätzle hineinschaben oder pressen, umrühren, damit sie nicht zusammenkleben. 1 Minute kochen lassen, mit dem Sieblöffel herausnehmen und anrichten. Mit geschmälzten Zwiebeln garnieren.

• **Tip:** Wenn Sie den Salbei weglassen, haben Sie die üblichen Spätzle.

Süße Speisen

Nun kommen wir zu meinen »Donnerstaggerichten«, der Donnerstag war nämlich in der »Salatschüssel« der süße Tag, hier habe ich die folgenden und natürlich noch viele andere süße Gerichte angeboten.

Anfangs waren wir sehr vorsichtig und haben nur einige wenige Portionen vorbereitet, aber schon bald mußten wir die Mengen deutlich erhöhen.

Wenn Sie die folgenden Gerichte nachkochen und einen »süßen Zahn« haben, werden Sie wahrscheinlich diejenigen unter meinen Gästen verstehen, die ihr Gericht immer schon vorbestellten.

Carob-Reis-Bratlinge

250 g Reis	in
500 ml Wasser,	
Zimt und Vanille	aufkochen, gut 20 Minuten köcheln lassen.
100 g Haselnüsse	fein reiben,
2 – 3 EL Carob	und
100 g Honig	einarbeiten, den Reis auf ausgeschalteter
	Platte ausquellen lassen. Den noch warmen
	Reis auf ein mit kaltem Wasser abgespültes
	Blech streichen, erkalten lassen und in
	Rauten schneiden. Die Reisrauten in heißem
Öl	beidseitig ausbacken. Wer es ganz süß mag,
	träufelt noch ein wenig Honig darauf.

Ich serviere dazu eine weiße oder zumindest helle Fruchtsauce, zum Beispiel die

Johannisbeerfruchtsauce

500 g weiße	
Johannisbeeren	mit
2 – 3 EL Honig,	
Zimt, Piment	und
125 – 250 ml Wasser	pürieren, eventuell aufkochen und servieren.
	Man kann die Soße warm oder kalt anbieten.

Beim Reisrezept haben wir den Honig in den heißen Reis eingerührt, dabei verliert er, zumindest teilweise, seine besonderen Vorzüge, das heißt die in ihm enthaltenen Vitamine und Enzyme werden zerstört. Es wäre also eigentlich besser, ihn bei möglichst niedrigen Temperaturen zu verwenden, der Nachteil ist allerdings, daß er bei manchen Gerichten die Konsistenz verändert und das Gericht nicht fest wird. Man muß also entscheiden, wann es richtig ist, den Honig einzuarbeiten.

Der österreichischen Küche entlehnt sind die Buchteln, die man gefüllt
oder ungefüllt, süß oder pikant zubereiten kann.

Buchteln

400 g Weizen	fein mahlen, mit
200 ml Wasser,	
Salz	und
40 g Hefe	zu einem Teig verarbeiten, gut durchkneten, ca. 30 Minuten an einem warmen Ort gehen lassen. Teig nochmals kneten, eine Rolle formen, zehn bis zwölf gleichgroße Stücke abschneiden und zu Kugeln formen. Diese dicht nebeneinander in eine gefettete Auflaufform setzen, nochmals gehen lassen, im vorheizten Ofen bei 200° C ca. 20 Minuten backen.

Mit Frucht- oder Vanillesauce servieren.

• **Tip:** Sie können die Buchteln mit Pflaumen, geraspelten Äpfeln oder
auch mit Fruchtpüree füllen.

Vanillesauce

500 ml Sojamilch	mit
Vanille	kräftig würzen und aufkochen,
50 – 80 g Reis	sehr fein mahlen, mit dem Schneebesen schnell klumpenfrei einrühren, auf ausgeschalteter Platte ausquellen lassen, hin und wieder umrühren.

• **Tip:** Statt Sojamilch können Sie auch milde Obstsäfte verwenden, zum Beispiel Apfel- oder weißen Traubensaft; hier darf man aber mit der Vanille nicht sparsam sein.

• **Tip:** Ich nehme statt Vanille auch sehr gerne Zimt.

• **Tip:** Mit Obstsaft können Sie auch hervorragende Puddings herstellen. Saft aufkochen, Puddingpulver einrühren. Fertig!

Gebackene Aprikosenknödel

300 g Weizen	fein mahlen, mit
1 TL Backpulver,	
Zimt,	
Salz	und
abgeriebener Zitronenschale	mischen,
175 g Reformmargarine	kalt darüberschneiden,
125 g Honig	zugeben, alles zu einem glatten Teig verarbeiten, 30 Minuten ruhen lassen. 12 bis 16 Teigstücke – so groß, daß sie handtellergroß, 3 bis 4 cm dick glattgedrückt werden können – abnehmen, glatt drücken, dann auf jedes Teigstück eine von
12 – 16 Aprikosen	legen, diese mit Teig umhüllen und auf ein leicht gefettetes Blech legen, bei 200 bis 225° C ca. 20 Minuten backen.

• **Tip:** Wenn Sie ein wenig Zeit haben, können Sie das Gericht noch mit selbstgemachtem Marzipan verfeinern: Anstelle des Kerns eine Marzipankugel in die Aprikose stecken.

Natürlich können Sie auch Zwetschgen oder Pflaumen für das Gericht verwenden, ich nehme sie beim nächsten Rezept.

Fränkische Zwetschgenpastete

100 g Nüsse	grob reiben,
250 g Weizen	fein mahlen, beides mit
100 g Reformmargarine,	
Zimt	und
125 g Honig	zu Streuseln verarbeiten.
600 – 800 g Zwetschgen	entsteinen, halbieren oder vierteln, unter die Streusel mischen, in eine gefettete Auflaufform geben, ein wenig zusammendrücken,
einige Nüsse	halbieren und die Pastete damit garnieren. Bei 200° C ca. 40 Minuten backen, warm servieren.

Dazu serviere ich am liebsten die folgende Sauce:

Rohe Fruchtsauce

300 g Zwetschgen	entsteinen, mit
200 – 300 ml Apfelsaft	pürieren und mit
Vanille	und
Zimt	würzen.

Wenn Sie Mais mögen, werden Sie vom nächsten Rezept begeistert sein. Ist Mais nicht gerade Ihr Lieblingsgetreide, können Sie den Maisgrieß ganz oder teilweise durch Weizengrieß ersetzen.

Apfel-Mais-Auflauf

800 g säuerliche Äpfel	in dünne Scheiben schneiden, in eine gefettete Auflaufform einschichten, mit
1 – 2 EL Zitronensaft	beträufeln.
125 g Polenta	mit
Salz	mischen,
100 g Reformmargarine	mit
150 g Honig	erhitzen, dann
250 ml Orangensaft	hinzufügen, mit der Polenta gut vermischen und die Äpfel damit bedecken, bei 200° C ca. 30 Minuten backen.

Dieses Gericht eignet sich auch gut als Dessert, die angegebene Menge reicht dann mindestens für sechs Personen, und damit sind wir beim Höhepunkt einer festlichen Mahlzeit angelangt, beim Dessert.

Desserts

Bei dieser Gelegenheit möchte ich einfach mal aus dem Nähkästchen plaudern und Ihnen erzählen, wie ein neues Gericht entstehen kann, vom ersten Gedanken bis zum schmackhaften Ende.

Ich bin ein großer Liebhaber von Linsen in allen Variationen, doch süß als Dessert hatte ich sie noch nie gegessen und auch noch kein Rezept dafür gefunden. Das reizte mich. Mit einem meiner Stammgäste, einem begeisterten Hobbykoch, diskutierte ich gelegentlich darüber, ob es möglich sei, aus Linsen etwas Süßes zu zaubern.

Doch man nimmt sich einfach zu selten die Zeit, etwas auszuprobieren. Dann kam die Entscheidung, dieses Buch zu schreiben, und ich dachte: jetzt oder nie.

Ich entschied mich, die Linsen in Honigwasser zu garen und mit viel Zimt zu würzen. Dann pürierte ich sie, doch mir war das alles noch nicht cremig genug. Aber zuviel Sahne wollte ich auch nicht dazugeben. Was hilft immer? Richtig, es sind – mal wieder – Bananen. Ich zerdrückte eine Banane mit der Gabel zu Mus und rührte sie unter. Schmeckte schon ganz gut, aber vom Aussehen her erinnerte das Ganze zu sehr an Leberwurst. Das kommt nicht an. Also fügte ich ein bis zwei Eßlöffel Carob hinzu, und schon sah es sehr appetitlich aus. Blieb noch die Frage: wie servieren?

Mit Obst, keine Frage! Glücklicherweise war mein Obsthändler gleich um die Ecke, ich ging schnell zu ihm und sah mich um. Was könnte vom Aussehen und vom Geschmack her passen? Was verfärbt sich nicht? Kiwi war die Lösung an diesem Tag.

Am Abend bot ich meinen Gästen das Dessert an und erntete viel Beifall. Ein Gast, der gerade einen Kochkurs bei mir machte, wollte das Rezept gleich am nächsten Kursabend ausprobieren. An einem anderen Tisch wurde überlegt, wie man das Dessert nennen könnte, meine Gäste waren da, wie schon erwähnt, durchaus erfinderisch.

Unten grün, dann kommt braun und oben eine weiße Kappe, sieht aus wie der Kilimandscharo, Kiwi ist dabei, es ist etwas zum Essen, dann nennen wir das Ganze einfach:

Kiwimangaro

100 g Linsen	mit
gut 250 ml Wasser,	
2 EL Honig, Zimt	weich kochen, das Wasser sollte zum Schluß ganz aufgesogen sein. Anschließend mit
1 kleinen Banane	und
etwas Wasser	im Mixer pürieren,
1 – 2 EL Carob	und nach Geschmack noch
Honig	einrühren, kaltstellen.
4 Kiwis	halbieren, etwas aushöhlen, mit der Linsencreme füllen, ausgehöhltes Fruchtfleisch kleinschneiden, damit und mit geschlagenem Tofu (siehe Seite 152) dekorieren.

Doch nun zu normaleren Desserts, beginnen wir mit Marzipan und Reis.

Marzipan

100 g Mandeln	und
2 bittere Mandeln	mit heißem Wasser überbrühen, Haut abziehen, dann sehr fein reiben.
50 g Honig	hinzufügen, in der Küchenmaschine rühren, bis sich ein Kloß gebildet hat.

Das selbstgemachte Marzipan können Sie für viele Desserts, Kuchen und ähnliches als Füllung verwenden oder bei Kernobst den Stein durch etwas Marzipan ersetzen.

Marzipanreis

150 g Marzipan	nach vorherigem Rezept herstellen.
200 g Reis	in
400 – 500 ml Wasser	und
Zimt	aufkochen und in ca. 30 Minuten fertiggaren, quellen lassen. Das Marzipan in den noch warmen Reis einrühren, erkalten lassen und mit
Zimt	bestreut servieren.

Gersten-Nuß-Creme

500 ml Wasser	aufkochen.
120 g Gerste	sehr fein mahlen, mit dem Schneebesen schnell einrühren, damit es keine Klumpen gibt. Unter Rühren aufkochen und auf ausgeschalteter Platte quellen lassen.
50 g Haselnüsse	fein reiben, mit
2 – 3 EL Honig	und
Vanille	in die noch warme Creme einrühren.
1 Birne	grob raspeln, unter die erkaltete Creme ziehen.

• **Tip:** Statt der Birne eignet sich auch ein Apfel, und statt Wasser kann man auch die verschiedensten Obstsäfte verwenden.

Äpfel kann man sehr gut für die verschiedensten Desserts verwenden, hier zwei Beispiele:

Apfelpiroggen

500 g Weizen oder Dinkel sehr fein mahlen, mit
20 g Hefe,
1 EL Honig,
2 EL Öl und
knapp 250 ml Wasser einen Hefeteig bereiten, gut kneten und an einem warmen Ort 30 Minuten gehen lassen. Teigstücke abnehmen, rund auswellen (Ø 10 cm).

300 g Äpfel grob raspeln, mit
Zimt,
Vanille und
Zitronensaft mischen. Auf die eine Teigplattenhälfte 2 bis 3 EL geraspelte Äpfel geben, die andere Hälfte darüberschlagen. Die Piroggen auf ein leicht gefettetes Backblech legen, bei 200° C 20 bis 25 Minuten backen.

- **Tip:** Da die Piroggen nicht nur warm, sondern auch kalt ausgezeichnet schmecken, mache ich immer gleich die doppelte Menge. Wenn trotzdem mal etwas übrig bleibt: Sie eignen sich auch gut zum Einfrieren.

Ein kalter Winterabend, eine warme Stube, vielleicht Kerzenlicht,
Tannennadelduft und dazu Bratäpfel – und ein Märchen wird wahr.

Bratäpfel

100 g getrocknete Aprikosen	einige Stunden einweichen, kleinschneiden.
150 g Feigen	klein würfeln,
40 g Mandeln	grob hacken, mit
1 – 2 EL Honig	mischen, gut die Hälfte der Obststücke dazugeben. Von
4 Jonathanäpfeln	Kerngehäuse ausstechen, mit der Honig-Mandel-Obst-Mischung füllen,
Margarineflöckchen	auf die Äpfel setzen, im Backofen ca. 25 Minuten backen, während der letzten 5 Minuten das restliche Obst um die Äpfel legen,
1 – 2 EL Obstsaft	in die Auflaufform geben, mit Zimt bestreut servieren.

Auch hierzu paßt geschlagener Tofu (siehe Seite 152).

Nun noch zwei leckere Obstdesserts, das erste geht ganz schnell und schmeckt phantastisch:

Frisches Rhabarberkompott

200 g Rhabarber	schälen, in Stücke schneiden, ebenso
1 Apfel	und
1 Banane	mit dem
Saft einer halben Zitrone	und
1 – 2 EL Honig	pürieren und sofort servieren.

• **Tip:** Das Kompott eignet sich auch als Beilage zu Pfannkuchen.

Melonenkörbchen

1 Honigmelone	vierteln, mit dem Löffel Kerne herauslösen, Melonenviertel unten vorsichtig flach schneiden, damit sie stehen bleiben.
1 – 2 Bananen	pürieren, mit
1 TL Zitronensaft,	
1 TL Honig	und
400 g roten Träuble	mischen, auf die Melonenviertel geben, mit
Zimt	und
Nelkenpulver	bestreuen und mit geschlagenem Tofu (siehe Seite 152) garnieren.

Für alle Nichtschwaben:
Träuble sind keine kleinen Trauben, sondern Johannisbeeren.

Geschlagener Tofu

200 g Tofu   mit
100 ml Obstsaft,
1 – 2 EL Honig,
Zimt   und
Vanille   im Mixer cremig schlagen.

- **Tip:** Bei pikanten Gerichten fügen Sie einfach 100 ml Gemüsebrühe statt Obstsaft zum Tofu und pürieren dann.

- **Tip:** Die einfachsten Gerichte schmecken oft am besten, zum Beispiel frische Erdbeeren und geschlagener Tofu. Besonders lecker wird das, wenn Sie einige Erdbeeren mit dem Tofu pürieren.

Und hier noch eine Tofuvariante:

Erdbeertofu à la Ingrid

150 g Mandeln	sehr fein reiben, mit
150 ml Wasser	und
150 g Margarine	schaumig rühren,
3 EL Honig,	
1 TL Backpulver,	
150 g Dinkelmehl	und
Vanille	unterrühren. Den Teig auf einem Backblech verteilen (die Fläche sollte doppelt so groß sein wie die später benötigte Auflaufform). Bei 200° C 25 bis 30 Minuten backen, abkühlen lassen, halbieren, mit der einen Hälfte den Boden einer Auflaufform bedecken, mit
kaltem, sehr starkem Getreidekaffee	tränken.
800 g Tofu	mit
600 g Erdbeeren,	
200 ml Traubensaft	und
4 – 6 EL Honig	pürieren, mit
Vanille	und
Zimt	würzen, die Hälfte der Erdbeer-Tofu-Masse auf den Boden geben, die zweite Teighälfte darüberlegen, dann die restliche Erdbeer-Tofu-Masse, zum Schluß gesiebtes
Carobpulver	darüberstäuben. Im Kühlschrank mindestens 1 bis 2 Stunden kaltstellen, mit
einigen Erdbeeren	garnieren.

• **Tip:** Sie können die Margarine auch durch 70 g Sonnenblumenöl ersetzen.

Mit einem Mohndessert möchte ich schließen:

Mohndessert

250 g Mohn	sehr fein mahlen.
	In
500 ml Sojamilch,	
3 EL Honig	und
Salz	einrühren, die Hälfte über den Mohn gießen.
50 g Rosinen	und
50 g gehackte Mandeln	unterziehen,
12 Vollkornzwiebäcke	zerbröseln, mit der restlichen Honig-Sojamilch übergießen. Abwechselnd Mohn und Zwieback in Glasschüsseln füllen. Mit
geschlagenem Tofu	
(siehe Seite 152)	servieren.

Kleingebäck, süß und pikant

Wir alle sind seit Jahren oder Jahrzehnten von bestimmten Geschmacks-
richtungen geprägt. Und gerade wenn man sich auf die Vollwerternährung
umstellt, ist es ratsam, Neues auszuprobieren. Denn auf diese Weise
vergleicht man nicht immer alles automatisch mit dem Gewohnten und ist
offener für ganz neue Geschmackserlebnisse. Aus diesem Grund geht es im
folgenden Kapitel ganz international zu. Die Rezepte kommen aus
England, aus der Schweiz, aus Indien und der Türkei, aber auch
Einheimisches, zum Beispiel ein Rezept aus Franken, kommt nicht zu kurz.

Shortbread

170 g Weizen	und
40 g Naturreis	fein mahlen, mit
40 g Honig	und
½ TL Backpulver	mischen, dann mit
70 ml Öl	und
40 ml Wasser	zu einem festen Teig kneten. Auf einem Springformboden auswellen, die Teigplatte jeweils längs und quer fünfmal durchschneiden und bei 200° C 20 bis 25 Minuten backen. Die Hälfte der Platten ganz dünn mit
Nußmus (siehe Seite 157)	bestreichen und mit den restlichen Platten bedecken.

156

Nußmus

60 g Haselnüsse	fein reiben.
30 g Honig	und
30 g Öl	erhitzen, gut verquirlen, dann die Haselnüsse einrühren und erkalten lassen. Falls die Masse noch zu feucht ist, etwas
Vollkornmehl	einrühren.

Statt Öl können Sie auch nicht gehärtetes Pflanzenfett verwenden.

• **Tip:** Wenn Sie eine größere Menge Nußmus herstellen, haben Sie einen Brotaufstrich, der vor allem bei Kindern beliebt ist. Achten Sie in diesem Falle darauf, daß die Nüsse sehr fein gerieben sind, damit das Mus eine cremige Konsistenz bekommt. Wenn Sie noch etwas Kakao oder Carob hinzugeben, wird der Aufstrich schön dunkel. Für das Nußmus können Sie alle Nüsse verwenden; auch Mischungen aus verschiedenen Sorten sind sehr lecker.

Ebenso wie Shortbread kommen auch Scones und Ingwerplätzchen aus
England.

Scones

250 g Weizen	fein mahlen, mit
Salz,	
2 TL Backpulver	und
30 ml Öl	vermischen. Nach und nach
150 ml Wasser	zugeben und zu einem glatten Teig kneten, 10 Minuten im Kühlschrank ruhen lassen. Auf bemehlter Arbeitsfläche 1,5 cm dick ausrollen, runde Stücke mit einem Durchmesser von 5 cm ausstechen, auf ein gefettetes Backblech legen, 5 Minuten ruhen lassen. Mit
Wasser	bestreichen und bei 250° C ca. 15 Minuten backen. In der Höhe halbieren, jede Hälfte mit
etwas Honig	bestreichen und servieren.

- **Tip:** Hierzu noch zwei interessante Varianten: Lassen Sie den Honig weg und verwenden Sie eine Nußcreme oder wählen Sie einen pikanten Belag.

Ingwerplätzchen

270 g Weizen   fein mahlen, mit
60 g Honig,
100 ml Öl,
70 ml Wasser,
1 TL Ingwerpulver
oder frisch
geriebenem Ingwer,
Salz,
abgeriebener
Schale einer Orange
und Zitrone   zu einer bröseligen Masse mischen. Die
Hälfte eines Backbleches einfetten, darauf
die Hälfte der Teigmischung verteilen,
festdrücken. Die zweite Hälfte der Mischung
als Streusel darüberstreuen, bei 220° C
ca. 25 Minuten backen, leicht abkühlen
lassen und in ca. 3 × 5 cm große Plätzchen
schneiden.

Feigenröllchen

40 g Backpflaumen   einige Stunden in
Wasser   einweichen.
200 g Dinkel   fein mahlen, mit
20 g Hefe,
20 g Honig,
20 ml Öl,
80 ml Wasser   und
Salz   zu einem Hefeteig verarbeiten, gut kneten.
                       Den Teig auf bemehlter Fläche dünn
                       auswellen, in ca. 8 × 11 cm große Rechtecke
                       schneiden.
160 g Feigen   sowie die eingeweichten Backpflaumen fein
                       schneiden, mit
1 EL Rosinen   und
2 EL Honig   mischen. Auf jedes Teigstück 1 EL der
                       Füllmasse geben. Teigstücke der Länge nach
                       aufrollen, an den Enden gut zusammen-
                       drücken. Jede Rolle zweimal leicht einritzen,
                       bei 220° C ca. 15 Minuten backen.

Nicht im Backofen, sondern im heißen Fett ausgebacken werden

Fränkische Küchle

375 g Weizen	fein mahlen, mit
125 ml Wasser	und
20 g Hefe	verkneten, dann
1 EL Öl,	
Salz,	
50 g Honig	und
Saft und Schale	
einer Zitrone	zugeben, alles gut 10 Minuten kneten. Eine Kugel formen, diese leicht mit
Öl	bestreichen, ca. 60 Minuten gehen lassen, nochmals kurz kneten und in 8 bis 10 Teile schneiden. Diese mit dem Handballen so flachdrücken, daß sie rund werden. Der Rand sollte knapp 1 cm dick sein; in der Mitte den Teig sehr flachdrücken.
Gut 500 ml Öl	im Topf erhitzen, jedes Teigstück einzeln ins heiße Fett geben, Deckel schließen. Nach einer Minute die Küchle umdrehen und fertigbacken, herausnehmen und auf ein Gitter legen.

Die Küchle schmecken nicht nur frisch gebacken, sondern auch noch nach einigen Tagen.

Als Anhänger der indischen Küche darf ich natürlich einen entsprechenden Vorschlag auch in diesem Kapitel nicht auslassen:

Kichererbsenkonfekt

80 ml Öl	erhitzen,
60 g Kichererbsenmehl	einrühren und köcheln lassen, dann
100 g Honig	und
60 ml Wasser	zugeben sowie weitere
40 ml Öl.	Alles 7 bis 10 Minuten kochen, dann auf eine gefettete Platte gießen. Vor dem Erstarren in Rauten schneiden, ganz abkühlen lassen.

• **Tip:** Das Kichererbsenmehl können Sie in indischen oder türkischen Läden kaufen. Wenn Ihre Getreidemühle stark genug ist und eine genügend große Einlauföffnung hat, können Sie es aber auch selbst herstellen.

Das nächste Gebäck kommt ursprünglich aus der Türkei, wo es allerdings stärker gesüßt wird. Wer das möchte, gibt zu den gequollenen Haferflocken noch 1 bis 2 EL Honig hinzu.

Türkisches Hafergebäck

500 g Hafer	zu groben Flocken quetschen, mit
etwas Salz	mischen und mit
knapp 1 l heißem Wasser	übergießen. Quellen lassen, bis das Wasser aufgesogen ist.
1 gehäuften TL Pfeilwurzelmehl	in wenig Wasser anrühren und daruntermischen. Backblech einfetten, die Hälfte der Haferflocken 1 cm dick daraufstreichen.
200 g Pistazien	und
200 g Walnüsse	hacken, mit
100 g Pinienkernen	mischen und auf die Haferflocken geben. Dann mit der restlichen Hälfte der Haferflocken abdecken und etwas andrücken. Bei 180° C ca. 20 Minuten backen, dann mit
50 ml Öl	bestreichen.
125 ml Wasser	mit
125 g Honig,	
Safran	und
Rosenwasser	verrühren, Gebäck damit überziehen und nochmal 10 Minuten bei 180° C überbacken. Den Kuchen noch warm in 20 Teile schneiden, erkalten lassen.

Von manchen Schweizern erzählt man, sie seien besonders langsam. Und in der Tat benötigen folgende Schweizer Abkömmlinge wirklich sehr lange, bis sie endlich gegessen werden können. Dafür brauchen Sie aber weder Trieb- noch Bindemittel, und auch auf Fett können Sie verzichten.

Willisauer Ringli

300 g Honig	mit
200 ml Wasser	in ca. 10 Minuten etwas einkochen. Topf vom Herd nehmen, mit einem nassen Tuch abdecken und abkühlen lassen.
50 g Orangeat	sehr kleinschneiden, mit
abgeriebener Zitronenschale,	
500 g Vollkornmehl	und dem Honigsirup zu einem glatten Teig kneten, zugedeckt 12 Stunden ruhen lassen. Dann den Teig in 20 gleichgroße Stücke teilen und jedes Stück zu einem Ring formen. Backblech einfetten, Ringe darauf- setzen, mit einem Küchentuch bedeckt nochmals 12 Stunden ruhen lassen. Dann die Ringe mit
4 EL kaltem Wasser	beträufeln, im vorgeheizten Ofen bei 200° C ca. 10 Minuten backen. Ringe vom Blech nehmen und auskühlen lassen.

Knabbern macht Spaß. Vor allem bei Pikantem und Salzigem aus Vollkorn kann ich kaum »nein« sagen, und wenn ich einmal angefangen habe zu knabbern, fällt es mir sehr schwer, wieder damit aufzuhören. Geht es Ihnen ähnlich?

Wenn ja, dann wird es Zeit, einige neue Rezepte auszuprobieren. Zuvor aber noch ein Tip: Haben Sie einmal nicht genügend Zeit zum Backen, dann machen Sie einfach Pikante Buchweizenkörner (siehe Seite 20).

Ägyptische Zwiebelpitta

400 g Roggen	fein mahlen, mit
25 g Hefe,	
250 ml Wasser,	
3 EL Öl	und
2 TL Salz	einen Hefeteig herstellen, gut kneten. Teig zugedeckt 30 Minuten gehen lassen, auf gut bemehlter Fläche 3 bis 4 mm dick auswellen. Plätzchen mit einem Durchmesser von 5 cm ausstechen, auf ein gefettetes Blech setzen.
80 g Zwiebeln	sehr fein hacken oder reiben, auf die Plätzchen geben, etwas andrücken, mit
grobem Salz	vorsichtig bestreuen, nochmals 15 Minuten gehen lassen, dann bei 180° C ca. 25 Minuten backen, warm servieren.

* **Tip:** Wenn Ihnen das Ausstechen zu aufwendig ist, können Sie den Teig auch auf dem Blech ausrollen und in Quadrate, Rechtecke oder Rauten schneiden. Das gilt auch für das folgende Rezept.

Kräuterplätzchen

200 g Weizen
1 TL Backpulver,
Salz,
40 ml Öl,
100 ml Wasser
2 EL gehackten,
frischen Kräutern

fein mahlen, mit

und

zu einem glatten Teig verarbeiten. Teig
etwas ruhen lassen, dann gut 1 cm dick
ausrollen, runde Plätzchen mit einem
Durchmesser von 5 cm ausstechen, auf ein
gefettetes Blech legen und bei 180° C
15 bis 20 Minuten backen. Warm servieren.

Einmal, als ich für dieses Buch ein neues Rezept ausprobierte, hatte ich etwas Teig übrig. Was tun? Ein kurzer Blick ins Gewürzregal genügte, um auf eine neue Idee zu kommen. Ich nahm einige Gewürze heraus, gab sie zu dem Teig und kostete. Nun ja, er schmeckte schon ganz gut, aber der letzte Pfiff fehlte noch. Ein weiterer Blick in meine Vorräte: Leinsamen vielleicht oder Sesam ...? Halt, jetzt hab' ich's: Buchweizen! Und welche Form sollte ich wählen? Ausrollen, ausstechen, in Rauten schneiden – da mir das alles zu langweilig war, entschied ich mich fürs Rollen, und fertig waren sie, die

Buchweizen-Chili-Rollen

150 g Weizen	und
50 g Sonnenblumenkerne	fein mahlen, mit
30 ml Öl	und
60 ml Wasser	mischen, dann
50 g Buchweizen	hineinkneten. Mit
Salz,	
Pfeffer,	
Paprikapulver	und
Chili	kräftig würzen. Rollen mit einem Durchmesser von ca. 1 cm und einer Länge von ca. 5 cm formen, auf ein gefettetes Blech legen und bei 200° C gut 15 Minuten backen. Warm oder kalt servieren.

Sehr knusprig und lecker werden die

Salzstangen

300 g Weizen	fein mahlen,
½ TL Koriander,	
½ TL Kümmel	und
½ TL Pfefferkörner	im Mörser zerstoßen oder in der Gewürzmühle fein mahlen, dann mit
200 ml Wasser,	
20 g Hefe	und
2 TL Meersalz	zum Mehl geben, alle Zutaten 10 Minuten kräftig kneten, Teig an einem warmen Ort zugedeckt 30 Minuten gehen lassen. Nochmals 2 bis 3 Minuten kneten, dann ca. 15 cm lange Stangen formen (Ø 1 bis 1,5 cm).
20 g Kümmel,	
20 g Sesam	und
1 EL grobes Salz	mischen, Stangen darin rollen, dabei etwas anpressen, auf ein gefettetes Blech legen und 15 Minuten gehen lassen. Im vorgeheizten Ofen bei 200° C ca. 15 Minuten backen, dann wenden, weitere 5 bis 10 Minuten backen.

Hin und wieder, nicht zu oft, schmeckt auch in Fett Ausgebackenes, wie

Fenchel-Sesam-Plätzchen

1 EL Fenchelsamen	in der Pfanne ohne Fett anrösten, dann mittelfein mahlen.
300 g Weizen	und
100 g Roggen	fein mahlen, mit
150 ml Wasser,	
1 EL Öl,	
Salz,	
1 TL Honig	und
20 g Hefe	zu einem Teig verkneten, Fenchel zugeben und gut 5 Minuten kräftig kneten, 60 Minuten ruhen lassen, nochmals kurz kneten, dabei
1 EL Sesam	einarbeiten.
500 ml Erdnußöl	im Topf erhitzen, auf dem Handballen aus dem Teig kleine runde Plätzchen formen (ca. 0,5 cm dick). Diese einzeln ins heiße Öl geben, nach 1 Minute wenden und fertig braten. Herausnehmen und auf einem Papiertuch abtropfen lassen.

Brot, Brötchen und Fladen

Zum Brotbacken benötigen wir immer ein Triebmittel; am einfachsten ist die Verwendung von Hefe.

Sonnenblumenbrot

150 g Sonnenblumenkerne in
400 ml Wasser über Nacht einweichen,
400 g Dinkel fein mahlen,
150 g Hafer mittelgrob schroten, mit
20 g Hefe,
Salz und
Koriander zu den eingeweichten Sonnenblumenkernen geben, 10 Minuten kneten, eventuell etwas Wasser zugeben, 30 Minuten gehen lassen. Wieder 3 Minuten kneten, kurz ruhen lassen, eine runde Auflaufform einfetten, Teig einfüllen, im vorgeheizten Ofen 20 Minuten bei 250° C backen, dann weitere 30 Minuten bei 160° C.

Durch die lange Backzeit bei niedriger Temperatur wird das folgende Brot besonders dunkel und aromatisch.

Amerikanisches Pumpernickel

450 g Weizen	fein mahlen,
450 g Roggen	mittelgrob schroten, beides mit
450 ml Wasser,	
2 EL Öl,	
20 g Hefe,	
1 EL Miso,	
1 EL Honig,	
50 g Korinthen	und
abgeriebener Schale	
einer Zitrone	zu einem Hefeteig verarbeiten, diesen gut 10 Minuten kneten, dann ca. 2 Stunden zugedeckt an einem warmen Ort gehen lassen. Nochmals 2 Minuten kräftig kneten, Laib formen, zugedeckt 60 Minuten gehen lassen, dann im vorgeheizten Ofen bei 150° C 5 Stunden backen, bei 100° C weitere 5 Stunden trocknen lassen.

Etwas aufwendiger ist der Umgang mit Sauerteig, insbesondere, wenn wir ihn selbst herstellen. Nur dann können wir sicher sein, daß der Säuerungsvorgang nicht mit Sauermilchprodukten beschleunigt wurde. Und so wird's gemacht:

Sauerteig

100 g Roggen	fein mahlen und mit
100 ml warmem Wasser	gut verrühren, ca. 24 Stunden zugedeckt gehen lassen. Dann erneut
100 g Roggen	fein mahlen, mit
100 ml warmem Wasser	zum ersten Brei dazugeben und gut verrühren. 24 Stunden zugedeckt gehen lassen. Nochmals
100 g Roggen	fein mahlen, mit
100 ml warmem Wasser	zum Brei dazugeben und das Ganze weitere 24 Stunden zugedeckt gehen lassen. Nun kann der Sauerteig verwendet werden. Vor der Weiterverarbeitung einen Teil (für den nächsten Sauerteig) abnehmen, mit
100 g Roggenmehl	bedeckt im Kühlschrank bis zu einer Woche stehen lassen, dann wieder
100 ml Wasser	dazugeben. Nach einem Tag ist der Sauerteig fertig.

Roggenbrot

500 g Roggen	fein mahlen, mit
500 g Sauerteig	und
200 ml warmem Wasser	sowie
2 TL Meersalz	mischen und 10 Minuten kräftig kneten.

Den Teig an einem warmen Ort 40 bis 60 Minuten ruhen lassen, nochmals 5 Minuten kneten und weitere 15 Minuten ruhen lassen. Zu einem Laib formen, in eine gefettete Backform oder bemehlte Peddigrohrform geben und gehen lassen, bis sich das Volumen um ein Drittel vergrößert hat. Im vorgeheizten Ofen (natürlich ohne Peddigrohrform) bei 250° C ca. 20 Minuten anbacken, dann 40 bis 50 Minuten bei 160° C fertigbacken.

- **Tip:** Wenn Sie keinen speziellen Brotbackofen haben oder wenn Ihr Ofen nicht besonders gut schließt oder isoliert ist, sollten Sie jeweils eine Tasse heißes Wasser beim Brotbacken mit in den Ofen stellen.

Besonders herzhaft schmeckt Brot, wenn wir Gewürze zugeben. Gut eignen sich neben Kümmel auch Fenchel und Koriander oder, wie im folgenden Rezept, Zwiebeln.

Zwiebelbrot

2 Zwiebeln	fein würfeln, in
1 EL Öl	anbraten und etwas anbräunen, dann abkühlen lassen.
500 g Roggen	und
250 g Weizen	fein mahlen, mit
300 g Sauerteig	und
20 g Hefe	vermengen,
gut 1 EL Salz	und
600 – 700 ml Wasser	zugeben, alles etwa 10 Minuten kneten, mit etwas Vollkornmehl bestäuben, zudecken und an einem warmen Ort ca. 45 Minuten gehen lassen. Dann die gebratenen Zwiebelwürfel unter kräftigem Kneten einarbeiten, Rundlaib formen, mit dem Teigschluß nach oben (das heißt mit der glatten Seite nach unten) auf ein Tuch legen und einschlagen, warmstellen und 25 Minuten ruhen lassen. Backofen mit gefettetem Blech vorheizen, Teigling mit Schluß nach unten aufs Blech setzen, die Oberfläche über Kreuz mit einem Messer einschneiden und bei 250° C ca. 10 Minuten backen, dann bei 200° C weitere 60 bis 70 Minuten backen.

175

Doppelt gebacken, daher besonders knusprig und trocken, wer mag das nicht:

Zwieback

500 g Weizen	fein mahlen, mit
40 g Hefe,	
1 TL Honig,	
1 TL Meersalz,	
400 ml Wasser	und
100 ml Sonnenblumenöl	vermengen und 10 Minuten gut kneten, dann ca. 30 Minuten gehen lassen, in eine gefettete Kastenform füllen, weitere 30 Minuten gehen lassen. Mit einem scharfen Messer alle 1,5 cm quer einschneiden, im vorgeheizten Ofen bei 200° C ca. 60 Minuten backen, etwas abkühlen lassen. An den Kerbstellen in Scheiben schneiden, diese auf ein gefettetes Backblech legen und bei 100° C ca. 60 Minuten trocknen lassen.

Unwahrscheinlich lecker und saftig wird das folgende Brot, wenn man gekochte Kartoffeln und ihr Kochwasser verwendet. Dieses Früchtebrot schmeckt nicht nur zur Weihnachtszeit!

Kartoffelfrüchtebrot

450 g Kartoffeln	gut säubern und bürsten, in ca.
300 ml Wasser	weich kochen, Kochwasser auffangen, die Kartoffeln schälen und pürieren.
500 g Roggen	fein mahlen, mit
230 ml Kartoffelkochwasser,	
40 g Hefe,	
1 EL Honig	und
Salz	zu einem Teig verkneten, dann das Kartoffelpüree einarbeiten, 90 Minuten gehen lassen.
100 g Backpflaumen,	
100 g Sultaninen	und
100 g getrocknete Aprikosen	kleinschneiden,
100 g Nüsse	grob hacken, alles kräftig in den Teig einkneten, 45 Minuten gehen lassen, Laib formen und bei 200° C ca. 60 Minuten backen.

Gehen wir nun über zu leckeren Vollkornbrötchen, die besonders gut mit selbstgemachten süßen oder pikanten Brotaufstrichen schmecken.

Vierkornbrötchen

300 g Weizen,	
100 g Gerste,	
100 g Roggen	und
100 g Dinkel	fein mahlen, mit
400 ml Wasser,	
20 g Hefe,	
Kräutersalz	und
gemahlenem Fenchel	zu einem Hefeteig verarbeiten, ca. 10 Minuten kneten, gut 30 Minuten an einem warmen Ort gehen lassen. Ofen vorheizen, Teig nochmals kurz durchkneten, ca. 5 Minuten gehen lassen. Teigstücke abnehmen, diese nur leicht formen, nicht mehr kneten, Unterseite in
Vollkornmehl	tauchen, Oberseite in
Sesam oder Mohn	stippen, bemehlte Seite auf das ungefettete Blech setzen, bei 225° C ca. 25 Minuten backen.

Wenn Sie die Zusammensetzung des Getreides variieren, haben die Brötchen jedesmal einen anderen Geschmack, so daß es nie langweilig wird. Sie sollten allerdings immer genügend Getreide mit hohem Kleberanteil verwenden, also Weizen, Dinkel oder Roggen.
Variationen sind auch durch andere Zutaten, zum Beispiel Nüsse, Mandeln, Sesam, Leinsamen und ähnliches, möglich.

Nußbrötchen

500 g Weizen	fein mahlen, mit
400 ml Wasser,	
20 g Hefe	und
Meersalz	10 Minuten kneten, 30 Minuten gehen lassen. Ofen vorheizen.
100 g Nüsse	fein reiben, zum Teig geben, 3 Minuten kneten, kurz gehen lassen, Boden in
Vollkornmehl	tauchen, Oberseite in
30 g gehackte Nüsse	drücken, bei 225° C ca. 25 Minuten backen.

Statt der Nüsse können Sie auch Sonnenblumenkerne verwenden, ebenso wie Sesam oder Leinsamen, letztere jedoch ungemahlen. Auch fein geschnittene, angebratene Zwiebeln oder Lauchwürfel sind für dieses Rezept geeignet.

Ganz schnell, ganz einfach, ganz lange haltbar und ganz wohlschmeckend,
das sind die

Vollkornfladen

100 g Dinkel	und
50 g Roggen	fein mahlen, mit
Kräutersalz,	
Koriander,	
gemahlenem Kümmel,	
3 EL Öl	und
8 EL Wasser	zu einem glatten Teig verarbeiten,
1 – 2 EL Sonnenblumenkerne	fein hacken, in den Teig einarbeiten,

einige Minuten ruhen lassen. Teigstücke in
Walnußgröße abnehmen, auf gefettetem
Blech hauchdünn auswellen, bei 225° C
12 bis 15 Minuten backen, abkühlen lassen
und vom Blech nehmen.

Statt der Sonnenblumenkerne können Sie auch Leinsamen oder Sesam
verwenden. Eine aparte Geschmacksnuance erreichen Sie, wenn Sie
Fenchelsamen kurz in der Pfanne ohne Fett anrösten, dann grob mahlen
und in den Teig einarbeiten.
Diese Fladen sind bei allen meinen Kochkursen und auch in meinem Lokal
richtige Knüller; sie schmecken sowohl mit süßem als auch mit pikantem
Aufstrich. Meine Frau nimmt sie ganz einfach zum Knabbern, und ich muß
aufpassen, daß ich immer genügend Vorrat für den nächsten Tag habe.

Doch nicht nur aus Vollkornmehl lassen sich Fladen bereiten, sondern auch aus gemahlenen Hülsenfrüchten. Die folgenden Fladen genieße ich meist warm.

Linsenfladen

100 g Linsen	fein mahlen, so viel
Wasser	zugeben, daß ein dünnflüssiger Teig entsteht. Die Wassermenge hängt unter anderem vom Feinheitsgrad der gemahlenen Linsen ab. Den Teig mit
Chili,	
Ingwer,	
Koriander	und
Salz	kräftig würzen, löffelweise in
heißes Öl	geben, glatt streichen und ausbacken, wenden.

Warm schmecken diese Fladen am besten; sie sind zum Beispiel eine gute Beilage zu Salaten oder zu indischem Gemüsecurry.

Der norwegischen Küche entstammt das folgende Rezept. Eventuell wird Ihnen der Teig vor der langen Ruhezeit als zu trocken erscheinen, geben Sie aber zunächst nicht mehr Flüssigkeit zu als angegeben, da die Kartoffeln den Teig weicher machen.

Kartoffelfladen

300 g Roggen	und
150 g Weizen	fein mahlen, in
250 ml kaltem Wasser	einweichen.
250 g Kartoffeln	schälen, waschen und fein reiben, in die Breimasse einrühren, mit
Meersalz	würzen. Teig einige Stunden stehenlassen. Dann nochmals kräftig durchkneten, auf einer bemehlten Arbeitsfläche sehr dünn auswellen und auf ein ungefettetes Blech setzen. Die Menge reicht für etwa drei Bleche. Im vorgeheizten Ofen bei 220° C ca. 12 Minuten backen, nach 6 Minuten wenden. Warm servieren.

Diese Fladen und Brötchen servierte ich sehr oft als Appetitanreger am Feinschmeckerabend in meinem Restaurant, und zwar immer mit einem neuen Brotaufstrich.

Als Appetitanreger nehme ich auch gerne Windbeutel. Windbeutel ohne Eier und Butter? Das geht doch wohl nicht – oder etwa doch?
Das folgende Gebäck schmeckt natürlich anders als ein gewöhnlicher Windbeutel; es ist nicht so luftig, dafür aber knusprig.

Windbeutel mal ganz anders

250 ml Wasser	und
Salz	mit
40 g Sonnenblumenöl	aufkochen,
150 g feines Weizenmehl	auf einmal zuschütten, rasch verrühren, bis sich ein Kloß gebildet hat, so lange auf der Platte weiterrühren, bis der Boden mit einer dünnen Teigschicht bedeckt ist, vom Herd nehmen, etwas abkühlen lassen. Dann
3 – 4 TL Backpulver	unterrühren, Teighäufchen auf ein gefettetes Blech setzen und im vorgeheizten Ofen bei 225° C ca. 20 Minuten backen.

Brotaufstriche

Jetzt kommen wir zu einem meiner Lieblingsthemen, zu den Brotaufstrichen, süß oder pikant. Doch obwohl ich diese Aufstriche häufig herstel-
le, habe ich das Problem, Ihnen hier nicht viele Rezepte aufschreiben zu
können. Denn ich verwende als Grundlage Gemüse-, Hülsenfrüchte- oder
Getreidegerichte, nehme ein bißchen mehr von allem und gebe, je nach
Temperatur des Gerichts, feste oder flüssige Margarine dazu, würze nach
Geschmack und püriere das Ganze. Fertig ist der Aufstrich, der jedesmal
anders schmeckt.

In der »Salatschüssel« habe ich teilweise auch Aufstriche verkauft, und
wenn dann Gäste ganz begeistert waren und genau diesen Aufstrich noch
einmal wollten, war dies nicht möglich.

Mein Vorschlag an Sie: Testen Sie einmal folgende Rezepte, und mit etwas
Routine können Sie dann ebenso wie oben beschrieben verfahren.

Hülsenfrüchtepaste

100 g Hülsenfrüchte	in
200 ml Wasser	weich kochen.
1 kleine Zwiebel	fein hacken und in
1 EL Öl	anbraten.
1 kleine Möhre	in Stücke schneiden, mit den Zwiebeln zu den Hülsenfrüchten geben und einige Minuten mitkochen, mit
Majoran, Basilikum, Paprikapulver, Salz	und
Pfeffer	würzen. Wenn die Hülsenfrüchte weich sind und alles Wasser aufgesogen ist, mit
80 g Reformmargarine	in den Mixer geben und die Masse fein pürieren, gegebenenfalls nachwürzen. In ein Glas mit Schraubverschluß füllen und abkühlen lassen. Im Kühlschrank hält sich der Aufstrich einige Tage.

• **Tip:** Am schnellsten geht es mit roten Linsen, mit braunen Linsen kann man fast den Geschmack und das Aussehen von Leberwurst erreichen, aber auch Mung- oder gelbe Sojabohnen sowie Kichererbsen eignen sich für den Aufstrich vorzüglich. Daran sollten Sie immer denken, wenn Sie diese Hülsenfrüchte für ein anderes Gericht vorbereiten.

Zwiebelaufstrich

100 g säuerliche Äpfel	grob raspeln,
150 g Zwiebeln	fein würfeln, beides in
1 – 2 EL Öl	anbraten und unter Umrühren weich dünsten.
200 g Reformmargarine	hinzufügen, mit
Thymian,	
Curry,	
Paprikapulver,	
Pfeffer	und
Kräutersalz	kräftig würzen. Zwei Drittel der Masse pürieren, dann wieder alles vermischen, erkalten lassen.

• **Tip:** Sie können die Margarine auch ganz oder zum Teil durch Palmkernfett ersetzen.

Beim folgenden Rezept habe ich beim Getreide die geschmacklich kräftigen Sorten gewählt, die ich bevorzuge, aber Sie können natürlich auch alle andern Getreidearten verwenden.

Getreidepaste

200 ml Gemüsebrühe	aufkochen,
je 50 g Roggen- und Grünkernschrot	langsam einrühren, 5 Minuten kochen und dann 20 bis 30 Minuten quellen lassen.
5 cm Lauchstange	längs halbieren und in feine Streifen schneiden,
eine halbe rote Paprika	in sehr kleine Stücke schneiden, beides in
2 EL Olivenöl	anbraten und einige Minuten dünsten, dann
100 g Reformmargarine	zugeben, den gequollenen Getreideschrot und die Gemüsemischung mit Rührgerät gut durchmischen und mit
Oregano, Macis, Fenchel, Kräutersalz Pfeffer	und würzen und kaltstellen.

Obwohl ich, wie schon erwähnt, üblicherweise kein Gemüse extra für den Aufstrich allein zubereite, hier ein Vorschlag

Gemüseaufstrich

1 kleine Möhre,	
einige Blumenkohlröschen	und
5 cm Lauchstange	kleinschneiden, in
2 EL Erdnußöl	anbraten,
100 ml Gemüsebrühe	und
1 kleingeschnittene	
gekochte Kartoffel	zugeben und alles 5 bis 10 Minuten kochen, die Flüssigkeit abgießen und für eine andere Nutzung beiseite stellen, mit
100 g Reformmargarine	in den Mixer geben, mit
Ingwer,	
Chili,	
Paprikapulver	und
Kräutersalz	würzen und alles pürieren. Kaltstellen. Vor dem Servieren mit
Schnittlauch oder	
Petersilie	dekorieren

- **Tip:** Obwohl ich ein Anhänger von frischem Ingwer bin, sollten Sie hier wie ich Pulver verwenden, da der Ingwer beim Pürieren Fäden zieht und dies optisch im Aufstrich nicht besonders gut wirkt.

- **Tip:** Es darf nur wenig oder keine Flüssigkeit in den Mixer gegeben werden, da der Aufstrich sonst nicht die gewünschte Konsistenz erhält.

- **Tip:** Sehr gerne verwende ich auch Brokkoli oder Kürbis, und im Sommer sollten Sie natürlich frische Kräuter verwenden.

Damit möchte ich es für die pikanten Varianten aber genug sein lassen, denn Ihre Phantasie soll nur angeregt, aber nicht eingeschränkt werden. Zwei süße Rezepte möchte ich Ihnen allerdings nicht vorenthalten.

Carob-Nuß-Aufstrich

100 g Walnüsse	sehr fein reiben, in einem Topf
80 g Reformmargarine	und
50 – 60 g Honig	erhitzen, so daß beides flüssig wird, aber nicht kocht,
2 EL Carobpulver	darüber sieben, die Nüsse hinzufügen und alles gut durchmischen und erkalten lassen.

• **Tip:** Sie können auch alle anderen Nußsorten oder auch Mischungen verwenden. Mit Kakao wird es etwas herber, und mit Zimt oder Vanille erzielen Sie noch eine besondere Geschmacksnuance.

• **Tip:** Wenn Sie statt Carob 2 bis 3 Msp Safran zugeben, bekommt der Aufstrich eine frische gelbe Farbe.

Wenn es kein frisches Obst gibt, kann man mit Trockenfrüchten schnell einen herrlichen Aufstrich zaubern.

Feigen-Dattel-Paste

100 g getrocknete Feigen	und
50 g getrocknete Datteln	kleinschneiden,
50 g Haselnüsse	fein reiben, mit
150 ml Traubensaft,	
Zimt,	
Vanille,	
Nelken	und
Ingwer	in den Mixer geben und zu einer Paste verarbeiten.

• **Tip:** Die Flüssigkeit nur langsam zugeben, je nach Trockenheit der Früchte benötigen Sie davon mehr oder weniger.

Obstkuchen

Wenn Sie Süßes so lieben wie ich, werden Sie schon sehnsüchtig auf die fruchtigen Kuchen warten, die auf jeden sonntäglichen Kaffeetisch gehören!

Schon das ganze Frühjahr warte ich immer darauf, bis wieder frisches Obst zur Verfügung steht, und wenn ich den ersten Rhabarber sehe, freue ich mich schon auf saftige Desserts, Süßspeisen und natürlich Kuchen. Deshalb beginne ich dieses Kapitel auch mit diesem Obst.

Rhabarberkuchen

300 g Weizen	fein mahlen,
20 g Mandeln	fein reiben, beides mischen.
120 g Honig,	
50 g Öl,	
100 ml Wasser	und
Vanille	kräftig schlagen, zur Mandel-Mehl-Mischung geben und die Mischung durch die gespreizten Finger zu Streuseln rubbeln. Zwei Drittel der Streusel auf ein gefettetes Kuchenblech geben, festdrücken, am Rand etwas höher lassen.
600 g Rhabarber	schälen, in 1 bis 2 cm lange Stücke schneiden.
30 g Mandeln	reiben, mit dem Rhabarber sowie mit
Zimt	und
gemahlenen Nelken	mischen, auf den Streuselteig geben, mit den restlichen Streuseln bedecken und bei 180° C ca. 30 Minuten backen.

Und gleich nach dem säuerlichen Rhabarber folgt die Erdbeerzeit, die natürlich mit einem Erdbeerkuchen gewürdigt werden muß.

Erdbeerkuchen

70 ml Erdnußöl	mit
3 EL Honig	und
150 ml Wasser	verquirlen. Dann
150 g Haselnüsse	fein reiben,
150 g Dinkel	fein mahlen, mit
1 TL Backpulver	mischen und mit
Vanille und Zimt	würzen. Öl-Wasser-Mischung darübergießen, alles gut verrühren, in eine gefettete Springform geben und bei 200° C ca. 25 Minuten backen. Aus dem Ofen nehmen, etwas abkühlen lassen.
800 g Erdbeeren	halbieren und auf den abgekühlten Boden geben.
500 ml Apfelsaft	erhitzen, 3 EL davon abnehmen und mit
10 g Agar-Agar	verrühren. Wenn der Apfelsaft kocht, das angerührte Agar-Agar einrühren und alles gut 2 Minuten kochen lassen. Die heiße Masse mit einem Eßlöffel vorsichtig über die Erdbeeren gießen und erkalten lassen.

Als ich dieses Rezept zum ersten Mal ausprobierte, ging es schief, und warum? Nun, ich dachte: Heute morgen sind die Mittagsgerichte alle schnell zu kochen, da reicht die Zeit, um ein neues Rezept auszuprobieren. Der Boden war schnell fertig, die Erdbeeren darauf verteilt, nur der Guß fehlte noch. Ich stellte die Backform neben den Topf mit dem Guß auf eine Herdplatte, ohne daran zu denken, daß diese noch heiß war vom Kartoffelkochen. Dann machte ich etwas anderes, und plötzlich roch es nach Verbranntem – und der Teigboden war unten schwarz. So kann es gehen, wenn man nicht aufpaßt!

Kirschkuchen

70 ml Mandelöl	mit
1 EL Honig	und
200 ml Apfelsaft	verquirlen. Dann
150 g Mandeln	fein reiben,
150 g Weizen	fein mahlen, mit
2 TL Backpulver	mischen und mit
Zimt	und
Nelken	würzen. Öl-Saft-Mischung darübergießen, alles gut verrühren und in eine gefettete Kuchenform geben. Bei 200° C ca. 10 Minuten vorbacken.
600 g Sauerkirschen	entsteinen und auf dem Boden verteilen.
400 g Tofu	mit
250 ml Kirschsaft,	
Vanille,	
Zimt	und
Macis	pürieren, über die Kirschen verteilen.
30 g Mandeln	fein reiben und den Kuchen damit bestreuen. Bei 200° C weitere 30 Minuten backen. Vorsichtig aus der Form lösen.

Nun komme ich zum meinem Lieblingsobst für Kuchen. Davon kann ich nie genug bekommen, von Träuble, also roten Johannisbeeren.

Träubleskuchen

150 g Reformmargarine	mit
1 – 2 EL Honig,	
3 EL Wasser	und
Salz	vermischen.
150 g Weizen,	
je 35 g Gerste und	
Roggen	fein mahlen und mit dem Margarinegemisch zu einem Teig verkneten, 30 Minuten kaltstellen. Den Teig auf einer gefetteten Springform auswellen und einen Rand formen.
800 g rote Träuble	mit
50 g geriebenen Nüssen,	
Zimt,	
Ingwer	und
2 – 3 EL Honig	mischen, auf den Boden geben.
120 g Hafer	zu Flocken quetschen, mit
2 EL Honig	in der Pfanne leicht anrösten, noch warm über die Johannisbeeren geben. Bei 200° C ca. 45 Minuten backen, abkühlen lassen.

Sehr saftig und unerhört lecker, so kann man den Birnenkuchen
beschreiben.

Birnenkuchen

180 g Reformmargarine	schaumig rühren.
100 g Honig,	
Salz	und
abgeriebene Zitronenschale	einrühren, bis sich der Honig gut verteilt hat.
380 g Weizen	fein mahlen, mit
3 TL Backpulver	mischen und mit
6 EL Mineralwasser	zur Honigmischung geben und unterziehen. Der Teig sollte schwer reißend vom Löffel fallen.
650 g saftige Birnen	in dünne Scheiben schneiden. Springform einfetten. Ein Drittel des Teigs einfüllen, darauf die Hälfte der Birnenscheiben verteilen, dann kommt das zweite Drittel Teig, dann der Rest Birnen. Mit einer Teigschicht abschließen.
50 g Margarine	in Flöckchen auf den Teig geben, bei 200° C ca. 45 Minuten backen.

Als ich diesen Apfelkuchen in meinem Restaurant angeboten habe, probierte ihn der erste Gast, empfahl ihn seinem Begleiter, und beide ließen sich den Rest einpacken. Ein Stück davon konnte ich gerade noch für mich reservieren!

Apfelkuchen

200 g Weizen	fein mahlen,
100 g Hafer	zu Flocken quetschen, mit
2 TL Backpulver,	
50 g Honig,	
70 ml Öl	und
4 EL Apfelsaft	zu einem Teig verrühren, in eine gefettete Springform geben.
4 – 6 säuerliche Äpfel	schälen, halbieren, mehrmals ca. 1 cm tief einschneiden und mit
Zitronensaft	beträufeln. Die Apfelhälften auf den Teig legen, etwas andrücken.
80 g Cashewnüsse	grob reiben und mit
2 EL Honig	über die Äpfel geben, bei 200° C gut 30 Minuten backen. Wer es gerne sehr süß mag, kann den Kuchen noch mit
1 – 2 EL Honig	beträufeln.

Der Herbst bringt uns neben Äpfeln und Birnen auch die saftigen
Zwetschgen; sie dürfen natürlich auch beim Backen nicht fehlen. Das
Besondere an dem folgenden Rezept ist die Mehlsorte. Ich finde es auf die
Dauer etwas eintönig, immer nur Weizen oder vielleicht einmal Dinkel
zum Backen zu nehmen, und der leicht rauchige Geschmack des
Grünkerns paßt meiner Meinung nach gut zu diesem Obst. Aber natürlich
eignet sich auch Roggen oder – wenn man auf Nummer Sicher gehen will
– Weizen. Eigentlich verwende ich bei allen meinen Kuchen eine
Mischung aus verschiedenen Getreidesorten.

Zwetschgenkuchen

100 g Dinkel	und
120 g Grünkern	fein mahlen, mit
220 ml Wasser,	
20 g Hefe,	
1 TL Honig	und
Salz	verrühren und mindestens 5 Minuten kneten, 30 Minuten zugedeckt ruhen lassen, dann in einer gefetteten Springform ausrollen und einen Rand formen.
800 – 1000 g Zwetschgen	halbieren und entsteinen, sehr dicht auf den Boden geben.
100 g Grünkern	fein mahlen, mit
40 g Honig,	
2 EL Öl,	
2 EL Wasser	und
reichlich Zimt	mischen und durch die Finger rubbeln, die Zwetschgen damit bedecken, bei 200° C gut 30 Minuten backen.

Und hier ist noch eine Variante mit einer anderen Mehlsorte, nämlich mit Buchweizen. Buchweizen zählt zwar botanisch nicht zu den Getreidearten, kann aber wie diese verwendet werden. Da er kein Gluten (Klebereiweiß) enthält, eignet er sich auch bei glutenfreier Ernährung zum Backen.

Hier machen wir einen Rührkuchen – der geht immer schnell. Er schmeckt sogar meiner Frau sehr gut, obwohl sie sich normalerweise für Backwaren aus Buchweizenmehl nicht so begeistern kann.

Buchweizen-Obst-Kuchen

300 g Buchweizen	fein mahlen,
100 g Mandeln	mittelgrob reiben, beides mit
2 TL Backpulver	und
2 EL Carob	mischen.
400 ml Wasser	und
60 g Honig	einrühren.
300 g Äpfel,	
300 g Birnen	und
200 g Bananen	in dünne Scheiben schneiden und in den Teig geben, gut unterheben. Springform einfetten, Obstteigmasse einfüllen und bei 200° C gut 35 bis 40 Minuten backen.

Auch in diesem Kapitel ist das vielleicht am vielfältigsten zu verwendende Obst dabei, die Banane:

Bananenkuchen

100 ml Öl	mit
50 g Honig	schaumig rühren.
100 g Walnüsse	fein reiben,
400 g Bananen	pürieren,
Vanille,	
Macis,	
Salz	und
4 EL Orangensaft	zusammen mit der Honigmischung zu einem glatten Teig verrühren.
250 g Weizen	fein mahlen, mit
4 TL Backpulver	mischen und unter den Teig rühren.
100 g Datteln	fein schneiden und unter den Teig heben.
	Den Teig in eine gefettete Kastenform geben, bei 180° C 50 bis 60 Minuten backen.

Daß Mais bei uns leider viel zu selten zum Backen verwendet wird, werden Sie nach dem Genuß des folgenden Kuchens sicher feststellen. Besonders apart schmeckt die in diesem Rezept verwendete Kokosmilch. Dabei handelt es sich übrigens nicht um die Flüssigkeit im Inneren der Kokosnuß; Kokosmilch ist vielmehr eine sahnige Flüssigkeit, die aus dem geriebenen Fruchtfleisch frischer Kokosnüsse oder einer Mischung aus Kokosflocken und Wasser zubereitet wird. Sie findet in der asiatischen Küche vielfach Verwendung.

Hier zunächst das Rezept für die Kokosmilch, die Sie auch bei anderen Rezepten anstelle von Kuhmilch verwenden können.

Kokosmilch

500 ml Kokosflocken	mit
625 ml kochendem Wasser	überbrühen, abkühlen lassen. Noch lauwarm gut kneten, in ein feines Sieb geben und möglichst viel Flüssigkeit herauspressen. So erhält man ca. 375 ml dicke Kokosmilch. Wenn man die ausgepreßten Kokosflocken nochmals mit der gleichen Menge Wasser überbrüht und dann lauwarm gut knetet, erhält man ca. 375 ml dünne Kokosmilch.

• **Tip:** Schneller geht es, wenn man die Kokosflocken mit dem Wasser im Mixer püriert und dann durch ein Sieb preßt.

Maiskuchen mit Früchten

50 g Kokosflocken	mit
150 ml kochendem Wasser	überbrühen, ca. 20 Minuten ziehen lassen, dann die Kokosflocken kräftig auspressen. Kokosmilch beiseite stellen.
150 g Weizen	fein mahlen, mit
150 g Maismehl,	
1 TL Backpulver,	
80 g Honig	und
abgeriebener Zitronenschale	mischen, nach und nach die Kokosmilch zugeben und alles zu einem festen, aber geschmeidigen Teig kneten.
1 kg Aprikosen	halbieren und entsteinen. Eine Springform einfetten, Teig hineingeben und einen Rand hochdrücken. Den Teig mit den Aprikosenhälften belegen (Schnittfläche nach oben) und bei 200° C ca. 55 Minuten backen.

Unter den pikanten Kuchen haben wir schon die Gemüselasagne
aufgeführt; probieren Sie doch mal die fruchtige Variante davon:

Obstlasagne

250 g Dinkel	fein mahlen, mit
3 EL Öl,	
4 – 5 EL Wasser,	
1 TL Salz	und
1 TL Honig	zu einem glatten Teig verarbeiten. Eine Kugel formen, diese leicht mit
Öl	bestreichen und 30 Minuten ruhen lassen. Eine Auflaufform einfetten, Teig in vier Stücke teilen, das erste Stück auswellen und in die Auflaufform geben.
250 g Äpfel	in dünne Scheiben schneiden, auf den Boden geben, mit
Zimt	bestreuen. Das zweite Teigstück auswellen und damit die Äpfel bedecken.
250 g Bananen	in Scheiben schneiden, auf den Teig geben, dann das dritte Stück auswellen und die Bananen damit bedecken.
250 g Zwetschgen	kleinschneiden, mit
Vanille	bestreuen. Schließlich das vierte Teigstück auswellen und die Zwetschgen damit abdecken.
250 ml Apfelsaft	aufkochen.
1 EL Pfeilwurzelmehl	in wenig Wasser anrühren, zum Saft geben und köcheln lassen, bis er anfängt, einzudicken. Saft über die Lasagne gießen, mit
2 EL grob gehackten Nüssen	bestreuen und bei 200° C gut 20 Minuten backen, dann weitere 20 Minuten bei 100° C. Warm mit einer Fruchtsoße (zum Beispiel Seite 144) servieren.

Das Wissen, wie vielfältig man Sonnenblumenkerne einsetzen kann, verdanke ich meinem Ölmüller. Schon bei meinem ersten Einkauf – ich hole das Öl immer selbst von der Mühle ab – bot er mir zum Probieren Sonnenblumenpreßkuchen an. Seitdem verwende ich diesen überall: im Frischkorngericht, im Salat, im Brot, im Fladen, im Kuchen und fürs Dessert. Ach so, was ist Preßkuchen eigentlich? Nun, es sind die gepreßten Kerne, denen in einer ersten Pressung Öl entzogen wurde. Aus 4 kg Sonnenblumenkernen entstehen 1 Liter Öl und 3 kg Preßkuchen. Da Sie diesen aber wohl nur selten bekommen können, habe ich bei den Rezepten fein bis grob gemahlene Sonnenblumenkerne verwendet.

Stachelbeerkuchen

250 g Dinkel	mittelgrob schroten.
350 ml Wasser	mit
1 – 2 EL Honig,	
Zimt	und
Vanille	aufkochen, Dinkelschrot einrühren, kurz aufkochen lassen und einige Minuten auf ausgeschalteter Platte quellen lassen. Springform einfetten, gequollenen Dinkelschrot einfüllen, glatt streichen.
500 g Stachelbeeren	darübergeben, etwas andrücken.
2 EL Honig	und
4 EL Wasser	erwärmen und gut verrühren.
100 g Sonnenblumenkerne	fein mahlen, zum Honigwasser geben, alles verrühren und löffelweise über das Obst geben. Bei 225° C knapp 30 Minuten backen.

Süßer wird der Kuchen, wenn wir statt Stachelbeeren Trauben verwenden. Diese habe ich für das nächste Rezept vorgesehen.

Traubenkuchen

200 g Weizen	fein mahlen, mit
1 EL Honig,	
60 ml Öl,	
40 ml Wasser	und
2 TL Zitronensaft	zu einem Teig verarbeiten, kurz kneten, im Kühlschrank 30 Minuten ruhen lassen.
150 g Gerste	fein mahlen,
150 g Mandeln	fein reiben, beides mit
300 ml Traubensaft	verrühren und quellen lassen.
600 – 700 g Trauben	untermischen. Den Teig in einer Springform ausbreiten, festdrücken und den Rand formen. In die Füllung
1 TL Guarkernmehl	einrühren, auf den Boden geben, glatt streichen, bei 200° C gut 30 Minuten backen, auskühlen lassen.

Strudel ist gar nicht so schwer und schmeckt sehr lecker!

Rhabarber-Apfel-Strudel

350 g Weizen	sehr fein mahlen und durchsieben, so daß man ca. 300 g Mehl erhält. Kleie beiseite stellen. Mehl mit
100 ml lauwarmem Wasser	und
4 EL Sonnenblumenöl	zu einem festen und elastischen Teig verarbeiten, 10 Minuten gut durchkneten. Teig halbieren, zwei Kugeln formen und diese dünn mit
etwas Öl	bestreichen, damit sie nicht austrocknen. Unter einem umgedrehten angewärmten Topf 30 bis 60 Minuten ruhen lassen.
500 g Rhabarber	kleinschneiden,
300 g Äpfel	grob raspeln,
75 g Haselnüsse	hacken,
50 g Feigen	kleinschneiden. Alles mit der ausgesiebten Kleie und der
abgeriebenen Schale einer Zitrone	sowie mit
reichlich Zimt	vermischen. Eine rechteckige Auflaufform einfetten. Eine der Teigkugeln auf einem bemehlten Tuch dünn ausrollen. Die Teigplatte leicht mit

etwas Öl	bestreichen, die Hälfte der Füllung auf dem Teig verteilen, Ränder freilassen. Den Strudel von der Längsseite her durch leichtes An- heben des Tuches locker zusammenrollen. Die Teigenden fest zusammendrücken, den Strudel mit der Naht nach unten vorsichtig in die Form gleiten lassen und mit
etwas Öl	bestreichen. Mit der zweiten Hälfte genauso verfahren. Den zweiten neben den ersten Strudel in die Form geben, in den kalten Ofen schieben; die Strudel bei 220° C in ca. 45 Minuten braun und knusprig backen.

Aus Österreichs süßer Küche stammt folgender Kuchen, der besonders in der kalten Jahreszeit zu empfehlen ist, wenn wir kein frisches einheimisches Obst haben. In dieser Zeit können Sie statt der frischen auch tiefgekühlte Johannisbeeren oder Marmelade nehmen.

Linzer Kuchen

150 g gemischte Trockenfrüchte (Aprikosen, Pflaumen, Datteln)	mit
heißem Wasser	übergießen und gut 60 Minuten quellen lassen.
200 g Weizen	fein mahlen, dann
150 g Haselnüsse	fein reiben, beides mit
Zimt,	
gemahlenen Nelken	und
2 EL Carob	mischen, dann
100 ml Öl,	
Salz	und
4 EL Kirschsaft	zugeben und alles gründlich zu einem festen, geschmeidigen Teig verarbeiten. Den Teig 30 Minuten kühlstellen. Das Wasser der eingeweichten Trockenfrüchte abgießen und anderweitig zum Süßen verwenden. Die Früchte mit
100 g Johannisbeeren	pürieren (eventuell etwas Einweichwasser zugeben). Die Hälfte des Teigs in die gefettete Form geben, den Boden mit leichtem Rand formen. Das Fruchtpüree auf den Boden streichen. Den restlichen Teig in Spritzbeutel mit großer Tülle füllen und den Teig gitterförmig aufspritzen, ebenso einen Rand. Bei 180° C 40 bis 50 Minuten backen, kurz abkühlen lassen, aus der Springform lösen. Erst am nächsten Tag anschneiden.

Hefekuchen und -gebäck

In meinen Koch- und Backkursen bin ich immer wieder überrascht, wieviel Respekt – oder sollte ich besser Angst sagen – viele TeilnehmerInnen vor dem Backen mit Hefe haben. Dabei ist es doch so einfach! Man muß nur genügend Zeit haben zum Kneten und zum Gehen lassen, wie es in den Rezepten angegeben wird. Und mit Vollkorn ist das Ganze nicht schwieriger.

Hefegebäck ist so lecker – mir läuft immer das Wasser im Munde zusammen, wenn ich an den Hefezopf meiner Großmutter denke!

Ich kann und will die schwäbische Küche mit ihrer Vielfalt nicht verleugnen und beginne dieses Kapital daher mit einem Zopf, wie Schwaben ihn lieben.

Hefezopf

250 ml Wasser	mit
Zimt,	
gemahlenen Nelken	und
gemahlenem Kardamom	aufkochen und einige Minuten ziehen lassen.
600 g Weizen	fein mahlen, mit
40 g Hefe,	
60 g Honig,	
2 TL abgeriebener	
Zitronenschale	und
5 EL gehackten	
Mandeln	

und dem Gewürzwasser zu einem Teig verarbeiten, gut 10 Minuten kneten und an einem warmen Ort zugedeckt gut 30 Minuten gehen lassen. Dann nochmals kurz durchkneten, in drei gleichgroße Stücke teilen; aus jedem Stück eine Rolle mit einem Durchmesser von 3 bis 4 cm formen. Auf einem gefetteten Blech einen Zopf flechten, an den Enden etwas andrücken. Zopf nochmals 20 Minuten gehen lassen, dann bei 200° C ca. 35 Minuten backen.

Doch nicht nur in Schwaben kann man mit Hefe zaubern, wie ich Ihnen gleich beweisen werde.

Bergischer Blatz

500 g Weizen	fein mahlen, mit
30 g Hefe,	
1 TL Honig	und
125 ml Mineralwasser	verrühren,
50 g Honig,	
120 g Öl	und
100 g Rosinen	dazugeben und gut 10 Minuten kneten. Zugedeckt an einem warmen Ort 30 bis 40 Minuten gehen lassen. Eine Kastenform einfetten, Hefeteig einfüllen, Oberfläche mit Messerrücken einkerben und weitere 20 Minuten gehen lassen. Bei 200° C 50 bis 60 Minuten backen. Noch warm in Scheiben schneiden.

Schneckenkuchen

500 g Weizen	fein mahlen, mit
40 g Hefe,	
40 g Honig	und
120 ml Mineralwasser	zu einem Teig verkneten, 10 Minuten ruhen lassen. Dann
100 ml Öl,	
Salz	und
abgeriebene Zitronenschale	zugeben, weitere 10 Minuten kneten, an einem warmen Ort 30 Minuten zugedeckt quellen lassen.
75 g Rosinen	mit
2 EL Orangensaft	beträufeln und zugedeckt quellen lassen.
100 g Mandeln	hacken, mit
100 g Marzipan	
(siehe Seite 147)	und den Rosinen verkneten. Teig auf bemehlter Fläche zu einem Rechteck 20 × 60 cm ausrollen, mit
20 ml Öl	bestreichen, Marzipanfüllung darauf verteilen. Teigplatte der Länge nach aufrollen. Rolle in zwölf Stücke schneiden, Springform einfetten und die Stücke dicht aneinander in die Form setzen. Zugedeckt weitere 20 Minuten ruhen lassen.
1 EL Honig	mit
1 EL Wasser	erhitzen und gut verrühren, damit den Kuchen bestreichen, bei 200° C 40 bis 45 Minuten backen.

• **Tip:** Sie können die Schnecken natürlich auch einzeln auf einem gefetteten Blech backen.

Gefüllte Hefeklöße sind immer ein Gedicht. Hier schreiben wir die Strophe mal mit Zwetschgen und nennen die Klöße Nudeln.

Zwetschgennudeln

300 g Weizen	fein mahlen, mit
gut 125 ml Wasser,	
30 g Hefe,	
2 – 3 EL Honig,	
20 ml Öl,	
Salz	und
abgeriebener Zitronenschale	zu einem Hefeteig verarbeiten, ca. 5 Minuten kneten, 30 Minuten gehen lassen.
15 – 20 Zwetschgen	vorsichtig entsteinen. Hefeteig in 15 bis 20 Teile teilen, und jeweils eine Zwetschge in ein rundgeformtes Teigstückchen einbetten.
50 g Öl	in einer Auflaufform erwärmen, Zwetschgennudeln hineinsetzen, weitere 15 Minuten gehen lassen, dann bei 200° C 20 bis 25 Minuten backen.
500 g Zwetschgen	mit
wenig Wasser	pürieren, nach Bedarf
Honig	zugeben und zu den Nudeln servieren.

Haben Sie schon einmal mit ätherischen Ölen gewürzt? Dies wollen wir
beim nächsten Rezept einmal ausprobieren. Allerdings sollten die ange-
gebenen Mengen nicht überschritten werden, da sämtliche ätherischen
Öle eine sehr starke Würzkraft besitzen. Sie durchdringen die Speisen
förmlich und bewirken, daß die Nahrung leichter verdaulich wird. Echte
ätherische Öle, die durch Wasserdampfdestillation gewonnen wurden, sind
frei von Pestiziden, Schwermetallrückständen und anderen Schadstoffen.
Natürlich kann man diesen Kuchen auch mit üblichen Streugewürzen
herstellen.

Carob-Apfelkuchen

300 g Dinkel	und
300 g Sonnenblumenkerne	fein mahlen, mit
gut 250 ml Wasser,	
40 g Hefe	und
80 g Honig	zu einem glatten Teig verarbeiten, mit
4 Tropfen Zimtöl,	
2 Tropfen Kardamomöl	und
2 Tropfen Mandarinenöl	würzen, ca. 10 Minuten kneten und 30 Minuten zugedeckt ruhen lassen.
600 g Äpfel	mit der Schale grob raspeln und mit
2 – 3 EL Carob	in den Teig einarbeiten. Kastenform einfetten, den Teig hineingeben und glatt streichen. Bei 200° C 40 bis 45 Minuten backen. Etwas abkühlen lassen, dann aus der Form nehmen. Erst anscheiden, wenn der Kuchen kalt ist.

• **Tip:** Wenn Sie Buchweizen mögen, können Sie den gesamten Dinkel
oder auch nur einen Teil davon durch Buchweizenmehl ersetzen.
Anstelle der Sonnenblumenkerne lassen sich auch Mandeln oder
Haselnüsse verarbeiten.

Na, das war doch wirklich nicht so schwer! Und damit Sie nicht aus der Übung kommen, versuchen Sie es doch gleich noch einmal und verwenden statt Weizen einmal Dinkel. Im Herbst können Sie den Rhabarber auch durch Zwetschgen ersetzen und die Feigen durch Datteln. Sehen Sie: Nur ein Rezept ergibt ungeahnte Möglichkeiten!

Kärtner Mohnkuchen

500 g Weizen	fein mahlen, mit
40 g Hefe,	
40 g Honig,	
200 ml Mineralwasser,	
Vanille	und
Salz	zu einem Hefeteig verarbeiten. Nach und nach
60 ml Öl	und
abgeriebene Zitronenschale	einarbeiten, gut 10 Minuten kneten, 30 bis 40 Minuten gehen lassen.
200 g Mohn	mahlen, mit
30 g Honig	und
100 ml Wasser	aufkochen.
100 g Rosinen	zusammen mit
20 g Honig,	
Vanille, Zimt,	
Nelken	und
1 EL Orangensaft	in die Mohnmasse rühren, abkühlen lassen. Teig auf bemehlter Fläche 1 cm dick auswellen (auf einer Länge von ca. 25 cm). Füllung auf dem Teig verteilen, 2 cm Rand stehen lassen. Teig von einer Längsseite her einrollen. Eine entsprechende Kastenform einfetten. Die Teigrolle hineinlegen, weitere 20 Minuten gehen lassen. Teig mit lauwarmem Wasser bestreichen. Bei 200° C ca. 45 Minuten backen.

Süße Gemüsekuchen

Essen Sie gerne so richtig saftige Kuchen, die auch am nächsten oder übernächsten Tag noch gut schmecken? Dann sollten Sie an Gemüse denken, in erster Linie vielleicht an Möhren. Möhrenkuchen habe ich schon immer gerne gegessen, aber wie kann man fünf bis sechs Eier ersetzen?
Nun, zum Beispiel durch Phantasie und Mineralwasser.

Möhrenkuchen ist so einfach und geht so schnell, er ist also ideal, wenn man zum Beispiel für ein Fest schon einen Tag vorher etwas backen will. Mein erster Versuch ist zwar gelungen, aber der Kuchen war sehr, sehr flach, denn da das Eivolumen weggefallen war, hatte ich zuwenig Masse. Dies habe ich bei den folgenden Mengenangaben aber berücksichtigt.

Möhrenkuchen

350 g Möhren	fein raspeln,
350 g Haselnüsse	fein reiben. Alles mit
100 g Vollkornbrösel	und
2 TL Backpulver	mischen.
150 g Honig,	
350 ml Mineralwasser,	
Zimt	und
1 EL abgeriebene	
Zitronenschale	dazugeben, alles gut verrühren und in eine gefettete Kuchenform geben. Bei 200° C ca. 45 Minuten backen, etwas abkühlen lassen, aus der Form nehmen.
80 g Honig,	
80 ml Wasser,	
2 EL Kakao	und
2 g Biobin	erhitzen, über den Kuchen verteilen und erkalten lassen.

Bei diesem Guß müssen Sie berücksichtigen, daß er mit Honig nicht so fest wird wie mit Fabrikzucker, der ja in der Vollwertküche nicht verwendet wird.

Haben Sie vielleicht Zucchini im Garten und wissen beim besten Willen nicht mehr, was Sie Ihren Lieben noch alles damit vorsetzen sollen, denn sämtliche Salat- und Gemüsevarianten haben Sie schon serviert? Dann backen Sie doch einfach einen Kuchen!

Zucchinikuchen

250 g Weizen	fein mahlen,
125 g Sonnenblumenkerne	fein reiben, beides mit
40 g Sonnenblumenöl,	
125 g Honig,	
Zimt,	
Vanille,	
2 TL Backpulver	und
4 EL Mineralwasser	zu einem cremigen Teig verrühren.
300 – 350 g Zucchini	fein raspeln und in den Teig einarbeiten. Teig in eine gefettete und mit Bröseln ausgestreute Kastenform geben und glatt streichen. Den Kuchen bei 200° C 60 bis 70 Minuten backen, einige Minuten stehen lassen, dann aus der Form nehmen und erkalten lassen.

In diesem Zusammenhang darf mein Lieblingsgemüse, der Kürbis, einfach nicht fehlen. Kürbis schmeckt immer, als Rohkostsalat, als Suppe, als Gemüse und, wie Sie hier sehen, als süßer Kuchen. Ich verwende – nicht nur wegen der schönen gelb-orangen Farbe – meist den Hokkaido-Kürbis.

Kürbiskuchen

800 g Kürbis (geschält und entkernt gewogen)	in grobe Würfel schneiden, im Gemüsesieb knapp 10 Minuten weich dünsten. Dann durch eine Kartoffelpresse drücken.
350 g Weizen	fein mahlen und mit
3 – 4 TL Backpulver	mischen.
100 g Honig,	
50 ml Öl	und
50 ml Wasser	gut verrühren und zum Weizenmehl geben. Ebenso den Kürbis sowie
100 g Rosinen	dazugeben. Das Ganze kräftig mit
Zimt,	
Ingwer	und
Macis	würzen und alles gut vermischen.
1 EL Pfeilwurzelmehl	unterrühren, in eine gefettete Springform geben und glatt streichen. Bei 200° C gut 40 bis 45 Minuten backen, den Ofen ausschalten und den Kuchen noch 5 Minuten im Ofen lassen. Dann erst herausnehmen und zunächst in der Form auskühlen lassen. Vom Blech nehmen und servieren.

• **Tip:** Der Kuchen ist saftig und kann daher gut schon einen Tag im voraus gebacken werden.

Kartoffeln süß, aber keine Süßkartoffeln? Wie schmeckt denn das? Urteilen Sie selbst:

Schoko-Kartoffel-Kuchen

350 g Kartoffeln	waschen, schälen und in eine Schüssel reiben, so viel Wasser wie möglich herauspressen und beiseite stellen.
100 ml Öl,	
60 g Honig,	
Vanille	und
Salz	schaumig rühren, dann
Ingwerpulver	und
Zimt	sowie nach und nach
3 EL Mineralwasser	unterrühren.
120 g Haselnüsse	fein reiben,
180 g Weizen	fein mahlen, mit
3 TL Backpulver	mischen, mit den Haselnüssen zur Honigmischung geben. Ebenso
6 EL Wasser,	dann die geriebenen Kartoffeln und
2 EL Kakao	untermischen, in eine gefettete und etwas bemehlte Kastenform geben, bei 180° C ca. 55 Minuten backen.

• **Tip:** Statt Kakao können Sie auch Carob verwenden.

Torten

Mit dem Begriff Torten verbindet man meist fette Sahnecremes sowie Unmengen von Eiern und Zucker. Manchmal meint man die Chemie richtig schmecken zu können. Doch es geht auch anders, gesünder und mit mehr Geschmack.

Bleiben wir doch gleich beim Hauptbestandteil des letzten Kuchens, den Kartoffeln, die wir jetzt gekocht verwenden.

Kartoffeltorte

50 g Rosinen	in
100 ml Wasser	einige Stunden einweichen.
500 g Pellkartoffeln	schälen und fein reiben.
250 g Mandeln	fein reiben, beides mit
180 g Honig,	
150 ml Mineralwasser,	
1 TL Backpulver	und den Rosinen mit dem Einweichwasser mischen, in eine gefettete Springform geben und bei 200° C ca. 45 Minuten backen. Noch warm mit
Honig	bestreichen und mit
1 – 2 EL Kokosraspeln	bestreuen.

Getreidekörner als Füllung, hier Reis, dies ist der Reiz des nächsten
Rezeptes.

Reistorte

350 g Dinkel	fein mahlen, mit
50 g Honig,	
50 ml Öl	und
100 ml Wasser	zu einem glatten Teig verarbeiten. Zwei Drittel des Teigs in einer Springform ausrollen, einen Rand hochziehen, das restliche Drittel zu einem Deckel auswellen und eine dünne Rolle für den Rand formen.
300 g Reis	in
300 ml Wasser	einweichen, einige Minuten aufkochen,
300 ml weißen Traubensaft	zugeben, 20 Minuten weiterköcheln und ca. 40 Minuten ausquellen lassen.
2 Zitronen	abreiben und auspressen.
100 – 150 g Honig	eventuell etwas erhitzen, damit er flüssig wird, Zitronensaft und -schale zugeben.
2 Zitronen	schälen, die weiße Haut entfernen, entkernen und in kleine Würfel schneiden. Honig, Zitronen und Reis mischen, unter Rühren nochmals erhitzen.
50 g Zitronat	sehr kleinschneiden und unterrühren. Die Masse ca. 30 Minuten erkalten lassen, auf dem Boden verstreichen, Deckel darüber legen, Teigrolle am Rand entlang legen und mit zwei Fingern wellenförmig eindrücken. Die Torte im vorgeheizten Backofen bei 220° C ca. 35 Minuten backen.

Bleiben wir beim Reis, aber diesmal verwenden wir ihn fein gemahlen.

Reis-Nuß-Kuchen

400 g Reis	fein mahlen, mit
80 ml Öl	verrühren.
15 g Hefe	in
120 ml Wasser	auflösen, mit
1 EL Honig,	
Anis	und
Salz	zu einem Teig verarbeiten, gut kneten, 60 Minuten kühl ruhen lassen.
250 g Nüsse	fein reiben, mit
250 ml kochendem Wasser,	
50 g Rosinen,	
150 g kleingeschnittenen Datteln,	
Zimt	und dem
Saft einer halben Zitrone	vermischen und erkalten lassen. Die Hälfte des Teigs in einer gefetteten Springform ausrollen und darauf die Nußfüllung streichen. Die zweite Hälfte des Teigs ausrollen und obenauf legen. Bei 200° C ca. 30 Minuten backen.

• **Tip:** Wenn Sie die Hell-Dunkel-Kombination betonen möchten, geben Sie in die Nußfüllung noch 1 bis 2 EL Carob oder Kakao.

Wenn Ihnen aber doch das Cremige fehlt, dann versuchen Sie mal die

Tofucremetorte

30 g Rosinen	in
100 ml Wasser	einige Stunden einweichen.
220 g Weizen	fein mahlen, mit
2 TL Backpulver,	
50 g Honig,	
30 ml Öl	und
70 ml Wasser	zu einem Teig verkneten. In einer gefetteten Backform ausrollen, Rand formen und bei 200° C ca. 10 Minuten vorbacken.
500 ml Birnensaft	aufkochen, 3 bis 4 EL davon abnehmen, mit
2 Päckchen Vanillepudding	und
1 TL Zitronensaft	verrühren. In den kochenden Birnensaft einrühren, vom Herd nehmen.
800 g Tofu	mit Rosinen und Einweichwasser,
1 TL Zitronensaft	und weiteren
150 ml Birnensaft	pürieren, dann in den Pudding einrühren, nochmals aufkochen. Rosinen einrühren und die Füllung auf dem Teigboden verteilen.
2 EL Haselnüsse	fein reiben und die Torte damit bestreuen. Bei 200° C ca. 35 Minuten backen.

Nüsse sind das A und O des folgenden Rezeptes; am besten schmeckt es mit Walnüssen, die jedoch ziemlich teuer sind. Ein Genuß ist die Torte aber auch mit anderen Sorten oder mit Nußmischungen.

Nußtorte

350 g Weizen	fein mahlen, mit
50 g Honig,	
Salz,	
abgeriebener Schale	
einer Zitrone,	
120 ml Öl	und
6 EL Wasser	zu einem Teig kneten. Zu einer Kugel formen, in Pergamentpapier einschlagen und 30 Minuten in den Kühlschrank legen.
200 g Haselnüsse	und
200 g Walnüsse	grob hacken.
120 g Kokosflocken	mit
250 ml heißem Wasser	pürieren und durch ein Sieb drücken. Die so entstandene Kokosmilch beiseite stellen.
200 g Honig	leicht erhitzen, die Kokosmilch zugeben, nochmals aufkochen, dann die Nüsse und die ausgepreßten Kokosflocken einrühren, alles etwas abkühlen lassen.
	Drei Viertel des Teigs auswellen, in eine gefettete Springform geben, einen Rand bilden und die Nußfüllung daraufgeben. Den restlichen Teig dünn ausrollen, in 2 cm breite Streifen schneiden und den Kuchen damit gitterförmig belegen.
1 EL Honig	und
1 EL Wasser	aufkochen, einige Minuten köcheln lassen und das Gitter damit bestreichen. Bei 200° C ca. 30 Minuten backen.

• **Tip:** Wenn Ihnen der Kokosgeschmack zu intensiv ist, verrühren Sie einfach in der Kokosmilch 1 TL Pfeilwurzelmehl, verzichten auf die Kokosflocken im Kuchen und erhöhen dafür die Menge der anderen Nüsse.

Oder mögen Sie Kokos überhaupt nicht? Natürlich geht es auch ohne:

Befolgen Sie das vorstehende Rezept bis zum Hacken der Haselnüsse und Walnüsse, und fahren Sie wie folgt fort:

1 EL Pfeilwurzelmehl	in etwas Wasser anrühren.
150 ml Obstsaft	sowie
150 g Honig	erhitzen. Das Pfeilwurzelmehl in den Honigsaft geben und die
Nüsse	wie im Rezept aufgeführt dazugeben. Drei Viertel des Teigs auswellen und den Kuchen weiter nach dem Rezept zubereiten.

Backen und Kochen ist eine kreative Arbeit, die Spaß macht. Mit dem nächsten Rezept, das von einer Kundin stammt, möchte ich Ihnen Mut machen, auch neue Kuchen auszuprobieren. Allerdings sollten Sie schon etwas Erfahrung in der Vollwertbäckerei gesammelt haben.

Birnen-Haferflocken-Torte

300 g Weizen	fein mahlen, mit
125 g Reformmargarine,	
2 EL Honig,	
Vanille,	
Salz,	
Zimt	und
gemahlenen Nelken	zu einem Teig verarbeiten und diesen kühl stellen. Eine gefettete Springform mit dem Teig auslegen, Rand formen, mit einer Gabel einige Male einstechen und den Boden bei 200° C ca. 30 Minuten backen. In der Zwischenzeit
7 EL Hafer	zu groben Flocken quetschen,
2 EL Mandeln	fein reiben.
500 ml Wasser	aufkochen. Haferflocken, Mandeln,
3 EL Rosinen	und
2 EL Honig	zugeben.
800 g Birnen	grob raspeln, dazugeben und 5 Minuten mitdünsten, dann
1 EL Agar-Agar	und
1 EL Pfeilwurzelmehl	in wenig Wasser anrühren und gut mit der Füllung mischen. Dann
2 EL Sonnenblumenkerne	einrühren und alles auf den vorgebackenen Boden geben, mit
1 – 2 EL Kokosflocken	garnieren und erkalten lassen. Nach dem Auskühlen aus der Form lösen.

Wenn der Teig ein bißchen zu weich ist, rutscht er beim Vorbacken am Rand manchmal etwas zusammen, oder es gibt trotz des Einstechens mit der Gabel größere Blasen. Beides beeinträchtigt das Backergebnis und das Aussehen Ihrer Torte. Deshalb ein nützlicher

- **Tip:** Wenn Sie auf den Boden vor dem Backen getrocknete Erbsen, Linsen oder Ähnliches geben und diese mitbacken, bleibt der Boden eben und der Rand gleichmäßig (»Blindbacken«). Nach dem Vorbacken nehmen Sie die Hülsenfrüchte wieder aus der Backform, geben statt dessen die vorgesehene Füllung darauf und stellen den Kuchen fertig. Die Hülsenfrüchte können Sie dann später zum Beispiel für einen Eintopf verwenden.

Während des ganzen Septembers hatte ich immer wieder Pfirsiche und Nektarinen für Desserts und Aufläufe verwendet, jedoch nicht für Kuchen. Und dann hatte ich die Idee für eine Pfirsichtorte. Ich ging zu meiner Obsthändlerin und verlangte Pfirsiche.»Haben wir leider nicht mehr, die Zeit ist vorbei«, bekam ich zur Antwort. Was tun? Ich brauchte pürierfähiges Obst. Zwetschgen hatte ich gerade für einen Kuchen verwendet, und Mangos waren auch nicht mehr da.»Wie wär's mit Honigmelone?« wurde ich gefragt. Honigmelone als Kuchenbelag? Warum eigentlich nicht? Die Händlerin sagte noch:»Der Kuchen würde mich auch interessieren«, und ich versprach ihr ein Stückchen, falls das Experiment gelingen würde. Nun, ihr, mir und meinen Gästen hat's gemundet, und Ihnen?

Melonentorte

150 g Weizen	und
70 g Haselnüsse	fein reiben, mit
1 EL Honig, 3 EL Öl,	
8 – 10 EL Wasser	und
1 TL Backpulver	zu einem Teig verrühren und in eine gefettete Springform geben. Einen Rand formen und den Teig bei 200° C ca. 15 Minuten vorbacken.
800 g Fruchtfleisch einer Honigmelone	mit
100 ml Wasser	pürieren, dann aufkochen.
4 EL Pfeilwurzelmehl	in wenig Wasser anrühren, ins heiße Püree einrühren, ebenso
3 – 4 EL Honig.	Die Masse köcheln lassen, bis sie etwas eindickt, auf den vorgebackenen Boden geben und weitere 20 Minuten bei 200° C backen.

- **Tip:** Vor dem Aufschneiden unbedingt ganz auskühlen lassen, denn die Füllung dickt noch nach. Schneiden Sie den Kuchen vorher auf, kann die Füllung sich verselbständigen, so wie es mir gegangen ist, weil ich nicht warten konnte, bis ich das Ergebnis probieren konnte.

Brombeertorte

50 ml Öl	und
50 ml Mineralwasser	mit
80 g Honig,	
Zimt	und
abgeriebener Zitronenschale	schaumig rühren.
180 g Weizen	fein mahlen, zusammen mit
1 TL Backpulver	zu der Honigmasse geben und verrühren.
	Den Teig in eine gefettete Form streichen
	und 20 Minuten quellen lassen.
600 g Brombeeren	auf den Boden geben, in den kalten Backofen
	schieben und bei 200° C ca. 25 Minuten
	backen.
40 g Öl,	
60 g Honig	und
Zimt	verrühren.
80 g Mandeln	mittelgrob hacken, dazugeben, dann
60 ml Orangensaft	und
50 g Weizenschrot	einrühren und über dem Kuchen verteilen.
	Weitere 20 bis 25 Minuten backen.

Kleine Warenkunde

Im folgenden möchte ich zu einigen Zutaten, die vielleicht nicht allgemein geläufig sind, ein paar kurze Erläuterungen geben:

Agar-Agar ist ein aus Meeresalgen hergestelltes Geliermittel mit sehr guten Geliereigenschaften. Im Naturkosthandel ist es in Stangenform, als Flocken oder Pulver zu haben.

Als **Backpulver** sollte man möglichst Weinstein-Backpulver verwenden, bei dem anstelle von synthetischen Verbindungen Weinstein als Säureträger benutzt wird. Dabei handelt es sich um das wichtigste Salz der Weinsäure, das sich aus Wein mit zunehmendem Alkoholgehalt abscheidet.

Biobin ist ein pflanzliches Bindemittel aus Johannisbrotkernmehl.

Carob oder auch Johannisbrotmehl wird aus den Schoten des an den Mittelmeerküsten und in Kalifornien beheimateten Johannisbrotbaumes gewonnen. Es dient als Ersatzstoff für Kakao und Schokolade und ist frei von stimulierenden Wirkstoffen.

Guarkern wird aus dem Samen der meist in Pakistan angebauten Guarpflanze, einer Hülsenfrucht, gewonnen. Es ist in kaltem Wasser löslich und wird als Dickungsmittel verwendet.

Macis ist der Samenmantel der wohlriechenden Muskatnuß und ergibt ein süßliches Gewürz, feiner im Geschmack als die geriebene Muskatnuß

Miso ist ein aus Japan stammendes pastenartiges Würzmittel, das meist aus fermentierten Sojabohnen, Getreide und Meersalz hergestellt wird.

Pfeilwurzelmehl ist ein Bindemittel, das aus dem Wurzelstock einer in den Tropen wachsenden Pflanze (Arrowroot) hergestellt wird. Es ist als weißes, pulverfeines Mehl erhältlich und besitzt gute Bindeeigenschaften.

Tofu ist ein in Konsistenz und Farbe quarkähnliches Sojabohnenprodukt. Er ist sehr reich an pflanzlichem Eiweiß, geschmacksneutral und läßt sich vielseitig verwenden (siehe auch Seite 34).

Zwiebelsamen sind ein Gewürz, das in der indischen Küche häufig verwendet wird. Es ist in indischen oder chinesischen Lebensmittelgeschäften erhältlich.

Über den Autor

Der Diplom-Ingenieur und Betriebswirt (VWA) Herbert Walker, Jahrgang 1946, entschloß sich Mitte der achtziger Jahre aus ethischen Gründen zur vegetarischen Lebensweise und fand dadurch den Weg zur Vollwertkost.
Nach zwölfjähriger erfolgreicher Tätigkeit im Baugewerbe absolvierte er bei Dr. Bruker seine Ausbildung zum Gesundheitsberater (GGB). Er vertiefte sein Wissen über Baubiologie und war freier Mitarbeiter bei einer Zeitschrift für Baubiologie. Er betrieb von 1988 bis 1992 das vegetarische Vollwertrestaurant »Salatschüssel« und begann in dieser Zeit mit dem Schreiben. In der Zwischenzeit hat er fünf Koch- und Backbücher sowie das Wanderbuch »Deutschland zu Fuß« geschrieben und auch an Büchern über Arbeits- und Gesundheitsschutz, Umweltschutz und schlüsselfertiges Bauen maßgeblich mitgewirkt. Zwischenzeitlich ist er wieder in seinem erlernten Beruf als Berater für Bauunternehmen tätig. Soweit es seine Zeit zuläßt, gibt er weiterhin Kochkurse und informiert in Vorträgen über Vollwerternährung. Gemeinsam mit seiner Frau möchte er mit Diavorträgen über das Wandern auch andere zur aktiven Freizeitgestaltung in der Natur animieren.

Literaturhinweise

Unsere Nahrung – unser Schicksal
Dr. med. M. O. Bruker
emu-Verlag, Lahnstein

Allergien müssen nicht sein
Dr. med. M. O. Bruker
emu-Verlag, Lahnstein

Vollwert-Ernährung
Grundlagen einer vernünftigen Ernährungsweise
Koerber/Männle/Leitzmann
Haug-Verlag, Heidelberg

Studien mit Vegetariern
Eine Zusammenstellung der Studien
der Universität Gießen,
des Krebsforschungszentrums Heidelberg und
des Bundesgesundheitsamtes Berlin
Herausgeber: Vegetarierbund Deutschland e.V.
Echo-Verlag, Göttingen

Rezept-Index

Vollwertig, vegetarisch, gesund